ESSAI

Sur les lois de la Population et de la Mortalité en France;

PAR M. F. DEMONFERRAND.

Les tables publiées jusqu'à ce jour sur les chances de la vie en France, conviennent peu à l'état actuel de la population : ce fait est signalé chaque année dans l'*Annuaire du Bureau des Longitudes*; et l'Académie des Sciences a nommé en 1834 une Commission, chargée d'indiquer les moyens d'obtenir des tables plus exactes. Convaincu par des autorités aussi respectables de l'utilité de recherches étendues sur la population, j'ai entrepris ce travail sur une très grande échelle; j'en publie aujourd'hui la marche et les principaux résultats, espérant que plus tard le Gouvernement favorisera l'impression des immenses tableaux que j'ai recueillis sur des documents authentiques.

Cette publicité partielle a l'inconvénient de présenter de nombreux résultats numériques dénués de preuves, inconvénient dont je ne me suis pas dissimulé la gravité; le lecteur voudra bien se rappeler que les tableaux dont j'expliquerai la formation, ont été soumis d'abord à une Commission, composée de MM. Poisson, Mathieu et Charles Dupin, et ensuite à la Commission chargée de décerner le prix de Statistique au nom de l'Institut.

En traitant un sujet qui a déjà donné lieu à tant de travaux estimés à juste titre dans le monde savant, il fallait pour les rendre dignes de l'attention de l'Académie, consulter des matériaux inédits, ou soumettre à un examen plus approfondi les documents déjà connus, ou enfin les combiner d'une manière nouvelle. J'aurais reculé devant les difficultés de cette tâche, si elle avait exigé un grand talent; elle ne demandait qu'une longue patience et une consciencieuse exactitude, je l'ai entreprise et j'exposerai ici l'ordre que j'ai suivi et les procédés que j'ai employés pour arriver à chaque résultat.

Tous les ans, le ministère de l'Intérieur reçoit, de chaque département, une feuille où se trouvent résumés les décès, naissances et mariages qui ont été constatés dans l'année. Les naissances sont divisées par mois et par sexe en enfants légitimes, naturels reconnus, naturels non reconnus. Les décès sont classés par sexe, subdivisés selon l'état civil des décédés, mariés, veufs ou célibataires, et par âge, savoir : dans la première année de 0 à 3 mois; de 3 mois à 6 mois, de 6 mois à un an; ensuite d'année en année jusqu'à 10 ans; enfin, par périodes de cinq ans, depuis dix ans jusqu'aux limites de la vie.

On trouve, soit au ministère de l'intérieur, soit aux archives du Royaume, les collections complètes des feuilles du mouvement de la population depuis 1817 jusqu'à 1832 inclusivement; environ 60 départements pour chacune des années 1814, 1815 et 1816; et au moment où j'ai terminé les relevés, 50 feuilles étaient parvenues au ministère de l'Intérieur pour 1833; j'ai pu encore faire usage de collections fort incomplètes qui remontent jusqu'en 1806.

Les recensements de 1820, de 1831 et de 1836, et les états du recrutement de 1815 à 1834 complètent les éléments de mon travail.

Ces documents ont servi de base à tous les travaux des auteurs qui se sont occupés de la population de la France; chacun en a fait des extraits plus ou moins étendus, suivant le but qu'il se proposait. Ainsi, chaque année, on trouve dans *l'Annuaire du Bureau des Longitudes*, le total des naissances par sexes, celui des décès, et des mariages.

J'ai extrait des feuilles du mouvement de la population :

1° Les naissances par mois et par sexe;

2° Les décès annuels par âge et par sexe, sans distinction de l'état civil des décédés;

3° Les décès par mois divisés en deux séries, au-dessous de 20 ans et au-dessus de cet âge.

J'ai formé de ces extraits quatre tableaux pour chaque département, des résumés annuels des décès par âges, un relevé général des naissances et un autre des décès. Chaque chiffre inscrit dans une des nombreuses cases de ces tableaux, peut donner par sa comparaison avec les feuilles du mouvement, une vérification de l'exactitude que j'ai apportée dans la transcription.

En examinant attentivement les feuilles du mouvement, j'ai bientôt reconnu qu'elles n'ont pas toujours été rédigées avec un soin consciencieux. On y trouve beaucoup de fautes, les unes faciles à corriger, les autres tellement graves qu'elles forcent à rejeter entièrement les documents qui en sont entachés. Toutes les fautes ont été notées sur des calepins qui feront partie des pièces justificatives; on y trouve en même temps la correction de chaque faute, quand elle était possible, et les motifs du rejet de toutes les mauvaises feuilles.

La correction d'un grand nombre de fautes dans les relevés annuels et le rejet absolu de plusieurs d'entre eux, étant les causes des discordances entre mon travail et celui de mes devanciers, je crois nécessaire d'entrer dans quelques détails à ce sujet.

Lorsque beaucoup de nombres sont disposés à la fois en lignes horizontales et en lignes verticales, il y a une certaine difficulté pratique à faire accorder ensemble les additions faites dans les deux sens : beaucoup de commis des préfectures n'ont pas hésité à lever cette difficulté en altérant quelques-unes des sommes partielles pour établir la concordance. Les erreurs de ce genre étaient faciles à rectifier en recommençant les additions dans les deux sens : il en résultait seulement une grande perte de temps.

Les feuilles ne contiennent pas de place distincte pour les décès sans âge connu; en consultant les documents les plus anciens, on trouve ces décès portés à la suite de ceux des centenaires, avec une indication manuscrite; dans des feuilles plus récentes, on voit un grand nombre de décès de centenaires, qui proviennent évidemment de ce que, la dernière case étant vacante, on y a porté les décès sans âge connu, et qu'on a oublié d'en avertir. Ce genre de fautes provient principalement des hôpitaux maritimes de Brest, Rochefort et Toulon.

J'arrive aux erreurs qui m'ont déterminé à rejeter un certain nombre de feuilles, parce qu'il en résultait pour moi la conviction qu'elles avaient été rédigées sans consulter les matériaux envoyés par les sous-préfectures.

On trouve pour quelques départements le nombre des décès de 10 à 15 ans moindre que de 9 à 10.

Une autre erreur grave consiste dans l'indication d'un nombre de veufs ou d'hommes mariés, supérieur à celui des célibataires pour la période de 10 à 15 ans, quand nos lois ne permettent pas de contracter mariage à un âge aussi tendre.

Quelquefois on a simplement transcrit avec de légères variantes, le tableau d'une autre année.

Quelquefois enfin un double emploi ou un nombre omis ont fait monter ou descendre d'une période tous les nombres suivants.

J'ai réuni dans un seul tableau l'ensemble des documents suspects; le nombre des décès qui s'y trouve inscrit est presque égal aux décès d'une année pour la France entière.

Après cette déduction, j'ai formé une table qui comprend les décès annuels, par sexe et par périodes d'âge, pour une année moyenne de 1817 à 1831, comme suit :

Tableau des nombres moyens de décès annuels, par sexe et par périodes d'âges de 1817 à 1831.

Ages.	Mascul.	Fémin.	Ages.	Mascul.	Fémin.	Ages.	Mascul.	Fémin.
De 0 à 3mois...	65468	51080	30 35...	9855	12683	De 0 à 10ans..	171464	151165
3mois à 6m...	14373	12027	35 40...	9638	12253	10 à 60....	116950	125173
6mois à 1an...	17711	16049	40 45...	10765	12591	au-dess. de 60.	106610	113114
1an à 2ans.	25170	24198	45 50...	11947	12936	TOTAUX...	395024	389452
2ans à 3ans	14108	13643	50 55...	13983	15011	....		
3 4...	9272	9026	55 60...	15891	16796	..		
4 5...	6630	6567	60 65...	20672	22377			
5 6...	5218	5180	65 70...	22178	23536	De 0 à 2ans....	122722	103354
6 7...	4235	4263	70 75...	23834	25018	20 à 55ans...	82954	89282
7 8...	3581	3501	75 80...	19412	20210	au-dess. de 70.	63761	67206
8 9...	2969	2912	80 85...	12943	13816	......	269437	259842
9 10...	2729	2762	85 90...	5235	5575	......		
10 15...	8217	8760	90 95...	1729	1944	......		
15 20...	9888	10304	95 100...	532	569	......		
20 25...	15120	12525	au-dess. de 100.	76	74	......		
25 30...	11646	11943				......		

J'ai résumé dans un tableau fort détaillé, les décès par mois, en deux séries, au-dessus et au-dessous de 20 ans pour les dix dernières années de 1822 à 1831, et sans distinction d'âge pour les 20 années de 1818 à 1833. J'ai déjà expliqué que pour les années 1814, 1815, 1816, 1833, les collections de feuilles sont incomplètes; quant à l'année 1832, elle entre dans les relevés pour les départements qui n'ont pas été ravagés par le choléra. Un chiffre placé près du nom de chaque département indique pour combien d'années il entre dans les résultats.

De cette manière les décès partagés en deux séries s'élèvent à 7 163 347

Le total des décès sans distinction d'âge à..... 13 360 715.

Pour rendre comparables les nombres relatifs à chaque mois, il a fallu les rapporter à une même unité, le jour : ce qui s'obtient en divisant les naissances de janvier par 31, de février par 28¼ et ainsi de suite ; c'est ainsi qu'ont été obtenus les résultats suivants.

Tableau des décès constatés par jour de chaque mois.

Mois.	De 1822 à 1831. Avant 20 ans.	De 1822 à 1831. Après 20 ans.	De 1814 à 1833, sans distinction d'âge.
Janvier	9608	13289	42526
Février	9544	12667	41433
Mars	9341	11831	39951
Avril	8854	11487	38467
Mai	7954	10084	34084
Juin	7519	8993	30988
Juillet	8097	8569	30983
Août	9702	9384	34733
Septembre	10209	10161	37672
Octobre	9255	10243	36336
Novembre	8358	10898	35476
Décembre	8233	11317	36626

Un tableau disposé comme celui des décès donne pour chaque département, les naissances constatées de 1814 à 1833, et le nombre d'années pour lequel il contribue au total des naissances. Les sommes réparties par mois et par sexe, et ramenées à un jour pour chaque mois, donnent le tableau suivant (page 255), déduit de 18294276 naissances, savoir :

Garçons 9443941
Filles .... 8850335.

J'ai recueilli de plus, mais sans les diviser par mois, toutes les naissances comprises dans les collections incomplètes antérieures à 1814 ; j'en ai trouvé

Pour les garçons 3467306
Pour les filles ..... 3264036.

Ces nombres réunis aux précédents, composent un ensemble de

12 911 247 naissances de garçons, } total 25 025 618.
12 114 371 naissances de filles,

Le rapport des deux sexes déduit de ces grands nombres est le même que l'on trouve dans *l'Annuaire du Bureau des Longitudes*, $\frac{16}{15}$, plus exactement $\frac{81}{76}$ ou 1,06578.

Ce rapport invariable depuis 30 ans, change néanmoins de valeur dans les différents mois, comme on le peut voir ci-dessous; cependant avant de tirer des conclusions des rapports pour chaque mois, il faut corriger une erreur qui les fait passer en apparence du minimum en décembre, au maximum en janvier, et qui tient à ce que souvent les familles ne déclarent que dans les premiers jours de janvier des garçons nés dans les derniers jours de décembre, pour retarder d'une année l'époque où ces enfants devront satisfaire à la loi du recrutement.

Tableau des naissances constatées par jour de chaque mois, de 1814 à 1833.

Mois.	Garçons.	Filles.	Total.	Rapport des deux sexes.
Janvier	28 246	26 039	54 285	1,0848
Février	29 391	27 370	56 761	1,0737
Mars	29 025	27 255	56 280	1,0650
Avril	27 321	25 671	52 992	1,0643
Mai	24 888	23 193	48 081	1,0731
Juin	23 336	21 895	45 231	1,0604
Juillet	23 185	21 838	45 023	1,0617
Août	23 996	22 511	46 507	1,0660
Septembre	25 291	23 694	48 985	1,0660
Octobre	25 078	23 508	48 586	1,0668
Novembre	25 685	24 221	49 906	1,0664
Décembre	25 088	23 807	48 895	1,0539

Pour faciliter la comparaison entre les décès et les naissances, en un jour de chaque mois, j'en ai réduit les nombres proportionnellement à une seule année, et l'on peut ainsi saisir d'un coup d'œil l'effet d'un jour à chaque époque de l'année, sous tous les rapports.

Tableau comparatif des Naissances et des Décès par jour à chaque époque de l'année.

MOIS.	NAISSANCES.			DÉCÈS.			RAPPORT des deux sexes.	ACCROISSEMENT de la population.
	Garçons.	Filles.	Total.	avant 20 ans.	après 20 ans.	Total.		
Janvier....	1493	1376	2869	1048	1449	2497	1,0848	372
Février....	1553	1447	3000	1045	1388	2433	1,0737	567
Mars.....	1533	1440	2973	1037	1309	2346	1,0650	627
Avril.....	1444	1357	2801	983	1262	2245	1,0643	556
Mai......	1315	1254	2569	882	1119	2001	1,0731	568
Juin......	1234	1157	2391	829	991	1820	1,0604	571
Juillet....	1226	1154	2380	884	935	1819	1,0617	561
Août.....	1268	1190	2458	1036	993	2029	1,0660	429
Septembre.	1337	1253	2589	1083	1129	2212	1,0660	377
Octobre...	1325	1243	2568	1013	1120	2133	1,0668	435
Novembre.	1358	1280	2638	904	1179	2083	1,0604	555
Décembre.	1326	1258	2584	906	1244	2150	1,0539	434

J'ai signalé comme inexacte, une partie notable des documents envoyés chaque année au ministère de l'Intérieur, et en particulier la totalité des feuilles des départements des Basses-Pyrénées, des Landes, de la Nièvre et de la Corse; et des feuilles détachées de plusieurs autres. Peut-on cependant accorder quelque confiance à l'ensemble des documents, et les prendre pour base de recherches statistiques? Telle est la question qui se présente naturellement, et que l'on doit même formuler avec plus de précision, comme il suit : Quel est, avec les causes d'erreurs des feuilles de mouvement, le degré d'approximation de ces documents?

La comparaison attentive des feuilles de mouvement m'a fourni plusieurs résultats propres à faire distinguer les départements qui ont envoyé des tableaux fictifs, et ceux dans lesquels les erreurs ont été involontaires et se sont compensées par le grand nombre des observations.

Le premier moyen de vérification, celui qui a été employé par M. Delacroix, dans la *Statistique du département de la Drôme*, consiste à comparer les accroissements de population indiqués par les recensements avec ceux qui résulteraient du mouvement annuel. Ainsi, le recensement de 1831,

A donné pour la France entière	32 560 934	habitants.
Celui de 1820	30 451 187	
Différence.	2 109 747	
D'où résulte pour l'accroissement annuel	191 795	
Le nombre annuel des naissances surpasse celui des décès de	181 922	
Différence.	9873.	

Cette erreur dépend, en partie, de ce que le recensement de 1831 fait avec plus de soin que celui de 1820, contient proportionnellement moins d'omissions. Il suffirait de porter la population de 1820 à 30 559792 pour faire disparaître toute erreur. Or, cette correction revient à dire que, quel que soit le nombre d'habitants omis dans le recensement de 1831, on en avait omis un de plus sur 286 dans le recensement de 1820.

Ce genre d'épreuve ne peut pas être appliqué à tous les départements : il suppose en effet, que l'accroissement de population est égal à l'excès du nombre des naissances sur celui des décès ; or, le mouvement extérieur détruit cette égalité d'autant plus fortement, que l'on considère des espaces plus circonscrits ; mais on peut en faire usage pour la France entière.

Si les feuilles ne contenaient que des nombres arbitrairement inscrits par les commis chargés de leur rédaction, elles ne feraient ressortir aucune loi générale, ou du moins elles n'exprimeraient que les faits dont la connaissance est généralement répandue. Ainsi j'attache peu d'importance à ce que toutes les feuilles présentent un accroissement rapide des décès féminins de 10 à 15 ans, et plus de longévité pour les femmes que pour les hommes; ces faits sont généralement admis et les rédacteurs auraient pu en tenir compte pour cacher leur négligence. Il n'en est pas de même des lois suivantes :

1°. Le rapport des décès masculins aux décès féminins, dans la première année, est d'environ $\frac{5}{4}$.

56 départements donnent pour ce rapport des nombres compris entre 1,20 et 1,30 ;

11 des valeurs au-dessus de 1,30 et dont le maximum est 1,34 ;

13 entre 1,20 et 1,15.

Le département des Basses-Pyrénées ne donne que 1,06;

Landes 1,09.

2°. Les décès masculins présentent partout un maximum entre 20 et 25 ans; la seule exception se rencontre dans les Basses-Pyrénées.

3°. Les décès masculins ont un minimum entre 35 et 40 ans pour la France entière.

On le trouve de 35 à 40 ans dans 58 départements :
de 30 à 35 dans 19
de 40 à 45 dans 4.

Cinq départements parmi lesquels se trouvent les Landes et Basses-Pyrénées, n'offrent pas de minimum.

4°. Les décès féminins conduisent à une loi contraire à une opinion accréditée, suivant laquelle l'époque de 45 à 55 ans serait pour les femmes une temps critique, un maximum de mortalité. En comparant cet intervalle avec la somme des deux périodes de 40 à 45 et de 55 à 60, on trouve des décès constamment croissants dans 60 départements, un minimum faible dans 22. Les départements exceptionnels sont : la Corse, l'Allier, les Basses-Pyrénées et l'Ain. Dans ce dernier le maximum apparent tient à un double emploi signalé dans un de mes mémoires, et dont M. Charles Dupin a découvert l'origine.

5°. La répartition des naissances et des décès par mois peut encore fournir des inductions sur le mérite des documents statistiques; dix-huit départements forment exception à la loi de distribution des naissances dans l'année, on doit les partager en deux séries; ceux dont les feuilles ont présenté des irrégularités plus ou moins fréquentes, ce sont

Pyrénées (Basses-).	Nièvre.	Cher.	Ain.
Landes.	Corse.	Ardennes.	

Cette nouvelle contradiction avec les lois observées dans toute la France est un motif de plus pour en annuler les feuilles suspectes.

Dans les autres, le nombre des naissances en automne est proportionnellement plus grand que dans le reste du royaume; cette anomalie s'explique naturellement pour la plupart par l'émigration d'une partie considérable de la population virile au printemps, et son retour au commencement de l'hiver; c'est ce qui arrive dans les départements suivants :

Creuse,	Jura (Manche),	Rhin (Bas-),
Dordogne,	Puy-de-Dôme,	Vienne (Haute-),
Doubs,	Saône (Haute-).	

Des observations faites dans les autres départements :

Orne, Pyrénées (Hautes-),

pourront seules faire connaître les causes locales de l'anomalie que je signale.

6°. Quant aux décès, on remarque un minimum très prononcé en juin et juillet; le mois d'octobre est loin d'avoir l'influence funeste qu'un préjugé lui attribue : l'époque la plus dangereuse de l'année est l'hiver; les trois mois de janvier, février et mars comprennent ensemble les 0,287 des décès de l'année entière.

La répartition des décès par mois suit les mêmes lois dans 58 départements; elle est irrégulière dans les quatre suivants :

Les Landes, la Nièvre, les Pyrénées-Basses et les Pyrénées-Hautes.

Le maximum des décès a lieu en automne pour 15 départements, savoir :

Ariége,	Gers,	Lot-et-Garonne,
Charente,	Gironde,	Tarn,
Charente-Inférieure,	Loir-et-Cher,	Tarn-et-Garonne,
Côte-d'Or,	Loiret,	Vendée,
Dordogne,	Lot,	Vienne.

Le maximum arrive en été pour 9 départements :

Alpes (Basses-),	Gard,	Pyrénées-Orientales,
Aude,	Hérault,	Var,
Bouches-du-Rhône,	Drôme,	Vaucluse.

Des observations faites sur différents points pourront seules conduire à la connaissance des causes qui, dans chaque région, modifient la distribution des décès par mois : je me bornerai à appeler sur ce sujet l'attention des praticiens et des savants. Je ferai cependant remarquer que sur les 9 départements où l'été est malsain, 8 appartiennent au bassin de la Méditerranée. L'automne est insalubre dans les départements où l'on exploite les marais salans, et dans les bassins de la Charente et de la Garonne: il y a donc dans cette partie de la France une grande cause perturbatrice, qui fait sentir son influence jusqu'à Toulouse et peut-être sur tout le littoral du golfe de Gascogne. Dans le département de la Haute-Garonne, le maximum des décès a lieu en hiver; mais il l'emporte beaucoup moins sur le nombre des décès de l'automne que dans la France entière.

Le partage des décès en deux périodes, au-dessous de 20 ans et au-dessus ne m'a conduit à aucun résultat qui mérite d'être remarqué.

7°. Le nombre des naissances de garçons est annuellement de.........	498 000
Les décès masculins au-dessous de 21 ans s'élèvent à..............	204 309
Différence.	293 691
Le nombre moyen des jeunes gens appelés pour le recrutement est de.....	284 101.

Dans une population croissante, l'excès des naissances sur les décès au-dessous d'un certain âge, l'emporte sur le nombre réel des survivants au même âge; car cet excès représente approximativement le nombre des individus nés dans l'année qui atteindront l'âge en question. Cette loi se vérifie pour tous les départements sans exception.

8°. Enfin j'ai comparé les feuilles du département de Seine-et-Oise avec les documents préparés dans les sous-préfectures, et j'ai vérifié qu'elles en étaient la transcription fidèle.

Tels sont les arguments d'où j'ai cru pouvoir conclure que les feuilles du mouvement de la population sont, en général, la reproduction de faits réels, et que les erreurs de rédaction s'y trouvent compensées par le grand nombre des observations.

Enfin, il existe un moyen simple d'apprécier le degré de probabilité des documents et des résultats auxquels ils ont servi de base. Ce moyen est emprunté à l'Astronomie; il consiste à se servir de valeurs approximatives données par des observations imparfaites pour prédire des faits futurs et à comparer ensuite le calcul à de nouvelles observations. Pour appliquer cette méthode à mon travail, voici la marche que j'ai suivie. En prenant les naissances de garçons en 1814, et les diminuant des décès au-dessous d'un an, dans la même année, de 1 à 2 ans en 1815, de 2 à 3 en 1816 et ainsi de suite, il est évident que si les feuilles étaient parfaitement exactes, le dernier reste exprimerait le nombre des conscrits pour la classe de 1834. J'ai ainsi calculé les états du recrutement pour les 61 départements qui ont fourni des feuilles sans interruption depuis 1814. J'ai remis ce tableau à l'Académie des Sciences, le 9 novembre 1835.

Le 2 mai 1836, ayant reçu du Ministère de la guerre les listes de la classe de 1834, j'ai comparé les nombres avec mes calculs; je joins ici les résultats de cette comparaison.

Recrutement, Classe de 1834.

DÉPARTEMENTS.	Nombres calculés.	Nombr. observés.	Erreur du Calcul.	DÉPARTEMENTS.	Nombres calculés.	Nombres observés.	Erreur du Calcul.
Aisne	3994	4961	— 967	Marne	2961	2926	+ 35
Alpes (Basses-)	1122	1730	— 608	Marne (Haute-)	1976	2068	— 92
Alpes (Hautes-)	1335	1393	— 58	Mayenne	3879	3947	— 68
Ardèche	3524	3530	— 6	Meurthe	3711	4090	— 379
Aude	2524	2561	— 37	Meuse	2624	2703	— 79
Aveyron	3640	3583	+ 57	Morbihan	4835	4735	+ 100
Bouches-du-Rhôn.	2837	3127	— 290	Moselle	4341	3724	+ 617
Calvados	4854	4770	+ 84	Nièvre	3045	3322	— 277
Charente	3411	3578	— 167	Nord	9413	9208	+ 205
Charente-Infér.	3939	4450	— 511	Oise	3806	4026	— 220
Corrèze	2787	3032	— 245	Orne	4486	4967	— 481
Creuse	3052	3052	0	Pas-de-Calais	6664	6525	+ 139
Dordogne	4760	4747	+ 13	Pyrénées (Haut.-)	2314	2423	— 109
Eure	4057	4229	— 172	Pyrénées-Orient.	1665	1645	+ 20
Eure-et-Loir	3053	3173	— 120	Rhin (Bas-)	6732	5335	+ 1397
Gard	3547	3451	+ 96	Rhin (Haut-)	3315	3825	— 510
Garonne (Haute-)	3321	4082	— 761	Saône-et-Loire	5688	5794	— 106
Gironde	4938	4955	— 17	Sarthe	5310	5069	+ 241
Hérault	3234	3476	— 242	Seine-Inférieure	6668	6483	+ 185
Indre	2606	2741	— 135	Seine-et-Marne	2833	3156	— 333
Indre-et-Loire	2670	3174	— 504	Seine-et-Oise	3815	4341	— 526
Isère	5874	6024	— 150	Sèvres (Deux-)	2888	3576	— 688
Jura	3323	3346	— 23	Tarn	3538	3507	+ 31
Loir-et-Cher	2543	2650	— 107	Tarn-et-Garonne	1909	2084	— 175
Loire	4182	4284	— 102	Var	3309	3255	+ 54
Loire (Haute-)	2945	3083	— 138	Vienne	2964	2819	+ 145
Loire-Inférieure	5411	5200	+ 211	Vienne (Haute-)	2719	2974	— 255
Loiret	3316	3335	— 19	Vosges	3579	3837	— 258
Lot	2436	2711	— 275	Yonne	3542	3685	— 143
Lot-et-Garonne	2492	2791	— 299				
Lozère	1571	1517	+ 54	TOTAUX	223574	231183	— 7659
Manche	5707	6398	— 691				

Les nombres calculés dans ce tableau sont en erreur par deux causes : l'émigration et l'imperfection des feuilles. Les plus fortes discordances sont dans les départements suivants :

Alpes (Basses-)	$\frac{1}{2}$,	Sèvres (Deux-)	$\frac{5}{21}$,	Moselle	$\frac{1}{6}$
Rhin (Bas-)	$\frac{1}{4}$,	Garonne (Haute-)	$\frac{2}{9}$,		
Aisne	$\frac{1}{4}$,	Indre-et-Loire	$\frac{1}{5}$.		

L'erreur totale s'élève à 7659 sur 231183 ou $\frac{1}{30}$; les erreurs partielles sont au-dessous de ce nombre pour 24 départements; comprises entre $\frac{1}{30}$ et $\frac{1}{15}$ pour 17.

Parmi les départements qui donnent des erreurs excessives, l'Aisne a perdu en 1814 une grande partie des registres de l'état civil, détruits par l'invasion; ainsi un grand nombre de jeunes gens ont été appelés pour la classe de 1834 et leurs actes de naissance n'avaient pu être compris dans la feuille de 1814. Les nombreuses émigrations parties du département du Bas-Rhin, expliquent la forte différence qu'on y remarque en sens contraire.

On peut remarquer que les nombres calculés sont inférieurs aux résultats observés dans 42 départements sur 61, et que l'erreur finale est dans le même sens. Cette observation m'a conduit à penser qu'il y avait une cause générale d'augmentation fictive du nombre des survivants à 21 ans. Après quelques essais infructueux, j'ai cru pouvoir l'attribuer aux enfants mort-nés, ou décédés dans le délai accordé pour la déclaration à l'officier de l'état civil; car pour les mort-nés, on rédige un acte de décès et point d'acte de naissance. L'effet de cette cause serait bien de donner trop de décès d'enfants au-dessous d'un an, comparativement aux actes de naissance, et par suite de diminuer le nombre calculé des conscrits. Pour apprécier l'influence de cette cause, je me suis servi, 1° de documents publiés par M. Quetelet dans sa *Physique sociale*; 2°, de recherches sur la population de la ville de Genève, insérées dans la *Bibliothèque universelle* (août 1834) par MM. Heyer et Lombard; 3° de renseignements extraits des registres de l'état civil des villes d'Issoudun, de Sens et de Chartres. D'après ces différents documents, on trouve un mort-né sur

11 naissances à	Strasbourg,	33 naissances à	Brunswick,	
15............	Hambourg,	36............	Stockholm,	
17............	Amsterdam,	20,4............	Belgique,	villes
17............	Dresde,	38,2............	*id.*	campagnes
19............	Paris,	15,5............	Genève,	
20............	Berlin,	19............	Sens,	
24............	Vienne,	28............	Issoudun,	
27............	Londres,	31............	Chartres.	
29............	Monarchie prussienne,			

Les enfants inscrits sous la dénomination commune de mort-nés, forment en réalité deux catégories : les enfants sortis sans vie du sein de leur mère, et ceux qui sont morts dans les délais de déclaration. La législation, les réglements administratifs, la négligence des familles influent sur la seconde catégorie qui doit être beaucoup plus nombreuse dans les grandes villes et dans les centres d'industrie que dans les petites villes et dans les campagnes.

La ville d'Issoudun, placée au centre de la France, en dehors du mouvement industriel, d'une importance moyenne par sa population et par son étendue, me paraissait bien choisie pour donner des résultats moyens entre les grandes villes et les campagnes. Le rapport $\frac{1}{28}$ que fournissent ses registres depuis le commencement du siècle, approche beaucoup de la moyenne entre les nombres donnés par M. Quetelet pour les villes et les campagnes de la Belgique, et du rapport trouvé pour la Monarchie prussienne. D'après ces considérations, et en attendant que de nouvelles instructions ministérielles nous procurent des documents plus certains sur cette question, j'adopterai le rapport $\frac{1}{28}$, comme le plus probable pour l'ensemble de la France.

Quant à la proportion des deux sexes dans les enfants mort-nés, les renseignements puisés aux mêmes sources donnent :

	Garçons	Filles	Rapport
Flandre-Occidentale	1517 garçons,	1080 filles	Rapport 1,405,
Berlin, de 1785 à 1794	1518	1110	1,254,
id., de 1819 à 1822	771	533	1,416,
Amsterdam	244	186	1,312,
Paris	8916	7274	1,225,
Danemarck, 1828	882	690	1,278,
Genève			1,333,
Issoudun, de 1806 à 1835	260	171	1,526,
Sens	74	53	1,276.

La moyenne de ces rapports est 1,339.

Et en se bornant aux documents recueillis en France, 1,340.

En partant de ces bases et du nombre moyen des naissances annuelles :

Garçons....	498 012	Total...	966 354.
Filles.....	468 342		

On trouve que le nombre des enfants mort-nés est de

Garçons....	19 763	Total...	34 512.
Filles.....	14 749		

Donc le rapport des mort-nés aux naissances est

Pour les garçons, $\frac{1}{25}$ ou plus exactement... 0,0397,
Pour les filles, $\frac{1}{32}$ .... 0,0315.

Ces rapports doivent varier d'un département à l'autre, mais ils doivent croître et décroître en même temps que les décès de la première enfance. Il convient donc de comparer le nombre des enfants mort-nés à celui des décès au-dessous de trois mois; on trouve ainsi

Pour les garçons..... 0,302,
Pour les filles...... 0,288.

Ces deux nombres sont presque égaux, et l'on peut prendre pour l'un et pour l'autre 0,3, c'est-à-dire que pour 10 décès au-dessous de trois mois, il y a 3 enfants mort-nés.

Les enfants mort-nés ne sont pas toujours compris de la même manière dans les feuilles du mouvement de la population : tantôt on en forme une catégorie séparée qui n'entre pour rien dans l'addition, tantôt on les compte dans les décès au-dessous de trois mois. Le moyen le plus naturel d'opérer la correction relative aux mort-nés, est d'admettre qu'une moitié a été comptée dans les décès au-dessous de trois mois. Ainsi l'on doit considérer les décès au-dessous de trois mois comme contenant 0,15 de décès sans actes de naissance correspondants, ou 17511 annuellement pour toute la France.

On peut appliquer la correction au travail sur le recrutement : de 1000 garçons qui naissent, 611 parviennent à l'âge du recrutement; donc les 231183 jeunes gens inscrits pour la classe de 1834, dans les

61 départements, correspondent à 378 368 naissances en 1814, ce qui suppose 15135 mort-nés. Si tous les garçons mort-nés avaient été compris dans les décès au-dessous de trois mois, le calcul devrait donner 15135 conscrits de moins que le nombre réel; si, comme je le pense, une moitié seulement a été comptée dans les feuilles du mouvement, l'erreur du calcul sera réduite à 7567. L'erreur trouvée est 7659 dans le même sens; la différence est peu importante et montre que le mode de correction proposé est très près de la vérité.

M. le Ministre de l'Intérieur ayant fait ajouter aux feuilles une case pour les mort-nés, à partir de 1836, on pourra dans quelques années, connaître avec plus de précision le nombre des mort-nés, garçons ou filles dans tous les départements.

Avant la correction pour les morts-nés, l'erreur était $\frac{1}{50}$ sur l'ensemble des départements portés au tableau (page 262); après la correction elle devient presque nulle, $\frac{1}{2512}$: il y a donc lieu d'assurer que l'erreur moyenne des résultats tirés des documents statistiques, est au-dessous de $\frac{1}{80}$, degré d'approximation que j'avais obtenu dans un essai préliminaire sur le département de Seine-et-Oise.

On peut encore appliquer la même correction à la comparaison des recensements successifs; en effet, si les feuilles du mouvement et les recensements étaient d'une exactitude parfaite, on aurait deux moyens d'évaluer l'accroissement de population, et les deux résultats devraient être identiques: les deux procédés consistent, 1° à calculer l'excès du nombre des naissances sur celui des décès, 2° à déterminer l'excès d'un recensement sur le précédent. Par exemple, le recensement de 1831 portait la population à

	32 560 934
L'excédant des naissances sur les décès de 1831 à 1836 est.	614 030
On aurait donc dû trouver en 1836........................	33 174 964
Le recensement a donné..............................	33 540 910
Différence.	365 946.

Mais j'ai montré que l'on porte à tort chaque année, dans le relevé des décès, 17511 actes relatifs à des enfants mort-nés; il en résulte pour cinq ans une erreur de 87555 que l'on doit ajouter à la population déduite des feuilles de mouvement, avant de la comparer au recensement direct, ce qui réduit la différence à 27,8391. Le recensement de 1836, le premier dans lequel on ait exigé des états nominatifs par commune, l'emporte donc sur le précédent de 278391 habitants, c'est-à-dire de $\frac{1}{117}$. Une aussi forte amélioration par le premier emploi d'une nouvelle méthode sera certainement suivie de rectifications nouvelles. Cependant les intérêts des villes laisseront subsister de nombreuses omissions volontaires. On peut en outre signaler une autre cause d'erreur: en 1831, une colonne était destinée à indiquer les absents pour service militaire, le total était d'environ 100000 hommes au-dessous de l'effectif des armées; en 1836 la colonne a été supprimée, ce qui probablement n'a pas détruit l'erreur. En faisant intervenir habituellement les agents du Ministère des Finances dans les recensements des villes, comme on l'a fait exceptionnellement pour quelques-unes, on fera disparaître une grande partie des omissions; mais nos recensements dans leur état actuel, donnent des résultats inférieurs à la population réelle.

Les chances de la vie sont très variables d'un département à un autre, et les résultats moyens calculés pour toute la France seraient très loin de la vérité si on voulait les appliquer à une partie limitée du territoire. Il était donc nécessaire de comparer les départements entre eux, de grouper ensemble ceux qui présentaient de nombreuses ressemblances et d'établir les lois de la population dans les conditions extrêmes que l'on rencontre en parcourant le royaume. A cet effet, j'ai réuni dans un tableau synoptique la population, les naissances annuelles, les décès et le nombre des jeunes gens appelés au recrutement, par département. J'en ai déduit plusieurs résultats dont les valeurs variables indiquent, sous différents points de vue, les chances plus ou moins favorables de la vie dans les diverses régions de la France. Ce sont:

1°. Le rapport de la population aux naissances, que l'on peut regarder comme une valeur approximative de la vie moyenne, et qui en exprimerait la valeur exacte si la population demeurait stationnaire;

2°. Le rapport du recrutement aux naissances de garçons. Il a été calculé de deux manières, en comparant les listes du recrutement aux naissances actuelles, et ensuite aux naissances correspondantes obtenues, en remontant à 21 ans en arrière, autant qu'il a été possible de le faire;

3°. Le rapport des décès au-dessus de 20 ans à la somme des décès de tout âge;

4°. L'âge auquel correspond le partage des décès en deux parties égales.

La vie moyenne et le partage égal des décès ont été calculés pour chaque sexe séparément et pour la population entière.

La vie moyenne calculée dans l'hypothèse d'une population stationnaire est

Pour la France entière......	33 ans	8 mois	11 jours;
Dans le Calvados..........	44	7;	
Dans les Pyrénées-Orientales..	28	1.	

Ces valeurs changeront quand on tiendra compte de l'accroissement graduel de la population. En distinguant les sexes, on trouve pour chacun d'eux les valeurs extrêmes suivantes :

Sexe masculin..	Calvados....... / Lot-et-Garonne.	40 ans	7 mois,
	Finistère.......	26	11,
Sexe féminin....	Calvados.......	48	10,
	Finistère.......	29	6.

Le nombre des jeunes gens qui atteignent l'âge de majorité est au nombre des naissances annuelles comme

570 : 1000 pour toute la France,
728 : 1000 Calvados, Lot-et-Garonne,
325 : 1000 Seine.

Si l'on remarque que l'accroissement rapide de population de Paris y diminue ce rapport exceptionnellement, on prendra pour minimum la valeur 473 : 1000, donnée par le département du Loiret.

En remontant aux naissances qui correspondent à chaque tirage, on trouve que sur 1000 naissances de garçons, le nombre de ceux qui ont atteint la majorité s'élève,

Pour la France entière à.... 611;
Dans les Hautes-Pyrénées... 758;
Dans la Seine............. 457.

Les décès au-dessus de 20 ans, comparés à la somme des décès, en forment,

Pour la France entière..... 0,516;
le Calvados...... 0,690;
le Bas-Rhin...... 0,424.

Enfin, la moitié des décès se compose d'individus au-dessous de 26 ans pour toute la France, 48 ans dans le Calvados, 8 ans dans le Bas-Rhin; c'est-à-dire que dans le département du Bas-Rhin il meurt autant d'enfants au-dessous de 8 ans que d'habitants au-dessus de cet âge.

En rapprochant les nombres obtenus par des considérations analogues, on forme le résumé suivant :

Sexe masculin.	France entière, moitié des décès au-dessous de	23ans
	Calvados	43
	Rhin (Bas-)	5
Sexe féminin.	France	30
	Calvados	52
	Vaucluse	10
Ensemble de la population	France	26
	Calvados	48
	Rhin (Bas-) et Vaucluse	8.

En comparant les départements sous les différents rapports que je viens d'indiquer, je les ai partagés en trois classes, savoir :

1re *Classe.* Départements dans lesquels les chances de la vie sont plus favorables que dans la France entière;

2e *Classe.* Départements où les chances de la vie diffèrent peu des moyennes pour la France entière;

3e *Classe.* Départements où les chances de la vie sont plus défavorables que dans la France entière.

Chaque classe est divisée en deux sections, et les départements d'une même section sont rangés dans l'ordre de leur supériorité relative. On a imprimé en caractères italiques les départements dont les feuilles suspectes ne permettent pas un classement certain.

PREMIÈRE CLASSE.

PREMIÈRE SECTION.

Calvados,
Gers,
Pyrénées (Basses-),
Pyrénées (Hautes-),
Cantal,
Charente,
Orne,
Lot-et-Garonne,
Lot,
Maine-et-Loire,
Aveyron,
Gironde.

DEUXIÈME SECTION.

Lozère,
Sèvres (Deux-),
Manche,
Tarn-et-Garonne,
Doubs,
Mayenne,
Dordogne,
Creuse,
Loire-Inférieure,
Eure,
Vienne,
Marne (Haute-),
Indre-et-Loire,
Loire (Haute-),
Ariége,
Garonne (Haute-).

DEUXIÈME CLASSE.

PREMIÈRE SECTION.

Jura,
Puy-de-Dôme,
Vendée,
Sarthe,
Charente-Inférieure,
Corse,
Seine-et-Oise,
Somme,
Oise,
Tarn,
Seine-Inférieure,
Corrèze.

DEUXIÈME SECTION.

Eure-et-Loire,
Côte-d'Or,
Pas-de-Calais,
Ardèche,
Moselle,
Aube,
Ardennes,
Marne,
Drôme,
Allier,
Vosges,
Ille-et-Vilaine,
Isère,
Yonne,
Var,
Meurthe,
Meuse,
Aude,
Landes,
Hérault,
Ain.

TROISIÈME CLASSE.

PREMIÈRE SECTION.

Seine,
Rhône,
Alpes (Hautes-),
Côtes-du-Nord,
Morbihan,
Loire,
Bouches-du-Rhône,
Cher,
Vienne (Haute-),
Alpes (Basses-),
Saône-et-Loire,
Saône (Haute-),
Indre,
Nièvre,
Gard.

DEUXIÈME SECTION.

Loir-et-Cher,
Loiret,
Finistère,
Nord,
Seine-et-Marne,
Rhin (Haut-),
Pyrénées-Orientales,
Aisne,
Rhin (Bas-),
Vaucluse,

Je ferai, dans la suite, un fréquent usage de cette classification des départements. J'en déduirai d'abord la manière de rectifier les irrégularités que présentent les feuilles de quelques départements; je donne ici un seul exemple de ces rectifications, pris dans le département de la Nièvre.

Dans ce département les décès de 10 à 15 ans et de 15 à 20, sont répartis inexactement, les indications relatives à l'état civil sont évidemment fausses : je les ai négligées; j'ai ensuite cherché les départements qui se rapprochent le plus de la Nièvre par des caractères communs; voici les résultats de cette comparaison :

	Rapport du nombre des conscrits aux naissances actuelles,	Aux naissances correspondantes.	Rapport de la population aux naissances.
Nièvre	53	61	30
Côtes-du-Nord	51	61	31
Eure-et-Loire	52	60	34
Seine-Inférieure	53	61	34
Vienne (Haute-)	53	63	29

En distribuant les décès de la Nièvre proportionnellement aux nombres trouvés dans les quatre départements les plus analogues, on obtient les résultats les plus probables qu'il soit possible d'adopter pour le département de la Nièvre dans l'état d'imperfection des feuilles du mouvement de la population pour cette partie du territoire.

En rectifiant par les mêmes procédés tous les documents suspects, j'ai pu former une table de la distribution des décès annuels, par sexes et par âges, de 1817 à 1831; je l'ai soumise à l'Institut, comparativement à la table qui exprime les mêmes résultats, en tenant compte des collections incomplètes de 1814, 1815, 1816, 1832 et 1833, et rejetant tous les documents suspects. Les deux tables sont presque identiques et leur rapprochement prouve que les calculs sont basés sur d'assez grands nombres pour fournir des moyennes indépendantes de quelques irrégularités accidentelles.

Je me suis proposé de construire des tables de mortalité :

1°. Pour la France entière;

2°. Pour la première section de la première classe de départements, ou région de mortalité lente;

3°. Pour la deuxième section de la troisième classe ou départements à mortalité rapide.

Mais pour en déduire la distribution de la population par âges, il fallait combler préalablement une lacune des documents, sur la mortalité dans la plus tendre enfance. Les recherches de MM. Heyer et Lombard à Genève, de M. Quetelet en Belgique, les registres des villes de Sens, d'Issoudun et de Versailles m'ont fourni les bases de cette répartition.

Plus de la moitié des enfants qui meurent dans le premier mois, succombe dans la première semaine, dans la proportion suivante :

1er jour.........	7,
2me,............	2,25,
3me,............	2,
4me, 5me, 6me....	3,75,
7me.............	1,
	16.

Environ $\frac{1}{3}$ des décès du premier mois arrive dans les trois premiers jours.

La moitié des enfants qui doivent succomber dans l'année, n'achève pas le second mois, $\frac{1}{10}$ meurt dans les premières 24 heures.

Avec ces indications et les chiffres tirés des registres des villes ci-dessus désignées, j'ai formé les deux tables suivantes, où N représente le nombre de naissances qui correspond à 10 000 décès au-dessous de trois mois. Ainsi, dans la France entière on compte 10 000 décès au-dessous de trois mois sur 75 877 naissances de garçons, et sur 91 688 naissances de filles, ou, en réunissant les deux sexes, sur 83 782 naissances il y a 10000 décès dans le premier âge. On voit que ce nombre varie dans des limites très étendues pour les diverses classes de départements.

Répartition de 10000 décès au-dessous de trois mois.

1er Mois, 6947, dont 1500 portés comme mort-nés.

Jours.	Décès.	Jours.	Décès.	Jours.	Décès.	Jours.	Décès.	Jours.	Décès.	Jours.	Décès.
1er	1489	6	310	11	215	16	150	21	109	26	86
2	490	7	286	12	200	17	140	22	103	27	83
3	423	8	266	13	186	18	131	23	98	28	80
4	375	9	248	14	173	19	123	24	94	29	77
5	339	10	231	15	161	20	116	25	90	30	75

2e Mois..... 1779.		3e Mois..... 1274.		RÉCAPITULATION DES TROIS MOIS.	
Jours.	Décès.	Jours.	Décès.		
De 1 à 10	673	De 1 à 10	472	Correction pour mort-nés.	1500
De 11 à 20	592	De 11 à 20	422	1er mois.............	5447
De 21 à 30	514	De 21 à 30	380	2e mois.............	1779
				3e mois.............	1274
				TOTAL......	10000

Décès par mois au-dessous de deux ans.

		FRANCE ENTIÈRE.		1re classe, 1re sect.		3e classe, 2e sect.	
		Garçons.	Filles.	Garçons.	Filles.	Garçons.	Filles.
	N	75877	91688	81719	114580	66717	83000
Correc. pour les mort-nés.		9849	7662	808	617	1423	1079
1re année...	1er mois.	35765	27828	3743	2432	5166	3918
	2e......	11680	9087	957	623	1685	1280
	3e......	8365	6513	687	446	1210	916
	4e......	6038	5035	458	374	953	801
	5e......	4586	3734	327	282	755	684
	6e......	3788	3268	247	215	628	574
	7e......	3409	3059	237	207	550	484
	8e......	3220	2908	230	202	502	462
	9e......	3045	2751	223	197	472	438
	10e.....	2870	2594	217	192	432	418
	11e.....	2695	2436	211	187	412	400
	12e.....	2524	2281	205	183	398	382
2e année....	1er mois.	2374	2206	199	180	383	367
	2e......	2274	2140	193	177	367	351
	3e......	2194	2093	187	174	353	336
	4e......	2144	2056	182	171	340	323
	5e......	2114	2027	177	168	327	310
	6e......	2089	2003	172	165	314	298
	7e......	2066	1981	167	162	302	286
	8e......	2043	1959	163	159	290	275
	9e......	2020	1938	159	156	278	265
	10e.....	1997	1918	156	154	266	255
	11e.....	1975	1898	154	152	255	246
	12e.....	1952	1879	152	151	244	237

Avec ces données, on peut obtenir la répartition des décès et de la population par âges et par sexes, et en déduire toutes les conséquences relatives aux pensions, aux assurances, aux diverses administrations publiques, à la médecine, etc. La première base de ce travail est le tableau des décès moyens annuels, tel que le donne sans aucune hypothèse le relevé des feuilles du mouvement (page 253). Il est déduit de la période de 15 années, depuis 1817 jusqu'à 1831, dans laquelle ont été constatés :

	5,952,352	décès masculins,
	5,840,937	décès féminins,
Total.....	11,793,289.	

J'ai déjà fait voir (page 271), que l'on obtient les mêmes résultats en ajoutant les décès constatés en 1814, 1815, 1816, 1832, 1833, de telle sorte que les moyennes peuvent être considérées comme déduites d'un nombre total de décès des deux sexes égal à 13,410,455.

Pour déduire de ce résumé la subdivision des décès par année, je n'ai pas cherché de loi générale d'interpolation applicable à tous les âges ; j'ai combiné chaque période avec les deux précédentes et les deux suivantes, en faisant procéder les différences secondes par accroissements ou par décroissements réguliers. C'est ainsi qu'a été formé le tableau suivant.

Tableau des nombres moyens de décès annuels de 1817 à 1831, d'année en année et par sexe.

Ages.	mascul.	féminin.	Ages.	mascul.	féminin.	Ages.	mascul.	féminin.
jours. mois. De 0 à 3..	55780	43428	ans. ans. De 35 à 36..	1944	2451	ans. ans De 75 à 76..	4636	4807
3m à 6m..	14412	12027	36 37..	1937	2451	76 77..	4334	4462
6m à 1an.	17763	16049	37 38..	1932	2451	77 78..	3829	4078
1an à 2ans.	25242	24098	38 39..	1926	2451	78 79..	3601	3645
2ans 3..	14149	13643	39 40..	1926	2460	79 80..	3264	3306
3 4..	920[illegible]	9026	40 41..	1962	2470	80 81..	2954	3165
4 5..	6649	6562	41 42..	2040	2497	81 82..	2797	2998
5 6..	5234	5186	42 43..	2156	2518	82 83..	2659	2761
6 7..	4249	4263	43 44..	2268	2541	83 84..	2372	2423
7 8..	3593	3201	44 45..	2308	2552	84 85..	1968	2069
8 9..	2978	2912	45 46..	2338	2564	85 86..	1620	1706
9 10..	2467	2478	46 47..	2363	2576	86 ..	1246	1425
10 11..	2076	2054	47 48..	2381	2588	87 88..	1021	1133
11 12..	1720	1762	48 49..	2421	2600	88 89..	829	921
12 13..	1594	1583	49 50..	2480	2625	89 90..	672	738
13 14..	1481	1712	50 51..	2561	2685	90 91..	541	581
14 15..	1560	2017	51 52..	2679	2835	91 92..	434	455
15 16..	1710	2046	52 53..	2847	3010	92 93..	344	365
16 17..	1854	2056	53 54..	2945	3185	93 94..	276	294
17 18..	1966	2070	54 55..	2984	3296	94 95..	228	242
18 19..	2083	2088	55 56..	3004	3319	95 96..	181	187
19 20..	2270	2175	56 57..	3009	3348	96 97..	140	145
20 21..	2538	2295	57 58..	3030	3393	97 98..	104	107
21 22..	2922	2493	58 59..	3092	3465	98 99..	74	76
22 23..	3178	2564	59 60..	3284	3595	99 100..	52	54
23 24..	3300	2532	60 61..	3670	3949	100 101..	34	34
24 25..	3228	2497	61 62..	4174	4353	101 102..	21	21
25 26..	2866	2464	62 63..	4263	4511	102 103..	12	12
26 27..	2428	2429	63 64..	4307	4640	103 104..	6	6
27 28..	2232	2407	64 65..	4309	4688	104 105..	1	1
28 29..	2108	2591	65 66..	4313	4701			
29 30..	2049	2377	66 67..	4316	4708			
30 31..	2012	2405	67 68..	4321	4717			
31 32..	1988	2427	68 69..	4333	4730			
32 33..	1971	2439	69 70..	4375	4760			
33 34..	1960	2448	70 71..	4483	4834			
34 35..	1952	2450	71 72..	4692	4928			
			72 73..	4800	5033			
			73 74..	4874	5144			
			74 75..	4830	5080			

Avant de calculer les tables de mortalité et de population, je crois nécessaire de rappeler les principales causes d'erreurs dans les travaux antérieurs :

1°. Ils reposaient sur des observations trop peu nombreuses ou trop anciennes ;

2°. On y supposait constante une population qui s'augmente annuellement ;

3°. On y représentait par une table unique la loi de survivance et la répartition de la population par âges.

4°. On y supposait les décès de chaque année uniformément distribués dans toute l'étendue de cette période ; hypothèse très fausse dans la première enfance.

J'expliquerai successivement de quelle manière, dans mes calculs basés sur plus de 13 000 000 de décès de 1817 à 1831, j'ai tenu compte de l'accroissement annuel des divers éléments de la population, de la mortalité des deux premières années qui suivent la naissance, de la différence des sexes et de la division des départements en trois catégories, savoir : de mortalité lente, moyenne et rapide.

Je supposerai que le lecteur a sous les yeux les tables ci-jointes, et particulièrement celles intitulées *France entière*. Elles contiennent dans leurs diverses colonnes : 1° les indications d'âges ; 2° les décès ; 3° la population de chaque âge ; 4° le danger de mourir dans l'année ; 5° le nombre des survivants à chaque période de la vie ; 6° la vie moyenne ; 7° la vie probable.

Dans la construction des tables de mortalité on suppose ordinairement la population constante ; alors, en représentant D_n, D_{n+1}, D_{n+2} les décès de trois périodes successives, P_n, P_{n+1}, P_{n+2} la population dans les mêmes intervalles, on a

$$P_{n+1} = P_n - \frac{D_n + D_{n+1}}{2}.$$

La fraction $\frac{D_n + D_{n+1}}{2}$ exprime qu'en passant, par exemple, de la population de 20 à 21 ans à la population de 21 à 22, une partie des individus subit les chances de la 21ᵉ année, une autre les chances de la 22ᵉ : en d'autres termes, l'âge moyen des individus de 20 à 21 ans est 20 $\frac{1}{2}$; pour la période suivante il est 21 $\frac{1}{2}$.

Cette formule suppose les décès uniformément répartis dans les périodes n et $n+1$, et la population constante dans le même intervalle. C'est pour pouvoir appliquer ces deux hypothèses à la première enfance que je l'ai divisée en périodes très courtes dans les deux tables précédemment données sous les titres :

Répartition de 10 000 décès au-dessous de trois mois,

Décès par mois au-dessous de deux ans.

A l'aide de ces tables et de la formule précédente, j'ai pu déterminer la population jour par jour dans le premier mois, pour le nombre de naissances N correspondant à 10000 décès au-dessous de trois mois; la somme de ces nombres donne pour la population de 0 à un mois $\frac{N-3408}{12}$; on trouve de même de 1 à 2 mois, $\frac{N-6690}{12}$; de 2 à 3 mois, $\frac{N-8110}{12}$.

Quant aux individus qui survivent à chaque âge, on les obtient par une simple soustraction qui donne

1ᵉʳ mois, $N-5447$; 2ᵉ mois $N-7226$; 3ᵉ mois, $N-8500$.

Connaissant ainsi la population et les survivans dans la première enfance pour 10000 décès au-dessous de trois mois, on trouvera par une proportion les nombres correspondants pour chaque cas particulier.

La table des décès par mois sert à calculer, dans chaque catégorie, la population et les survivans jusqu'à deux ans, en négligeant les accroissements pendant les courtes périodes d'un mois.

A partir de la seconde année, les périodes étant d'un an, pour tenir compte des accroissements annuels, il faut employer la formule

$$P_{n+1} = P_n - \frac{D_n + D_{n+1}}{2} - f.P_n,$$

f_n étant une fraction variable qui exprime l'accroissement annuel de la population à l'âge que l'on considère. Par exemple, les résultats du recrutement montrent que de 20 à 21 ans, la population augmente annuellement, dans la France entière, de 0,006; on trouvera donc le nombre P_{22} de la manière suivante :

$$P_{22} = P_{21} - \frac{D_{21} + D_{22}}{2} - 0{,}006P_{21} = 284100 - \frac{2538 + 2922}{2} - 0{,}006 \times 284100 = 279665.$$

Pour déterminer la valeur de f_n, on remarquera d'abord que le nombre des naissances augmente annuellement de 0,002, le recrutement de 0,006; donc le coefficient f_n varie graduellement de 0,002 à 0,006 depuis la naissance jusqu'à 21 ans; de plus le nombre moyen des conscrits, de 1817 à 1831, s'élevant à 284100, on doit en calculant la population mineure du sexe masculin, trouver 284100 de 20 ans à 21. On y parvient par tâtonnements; les mêmes valeurs de f servent pour la table du sexe féminin.

Au-dessus de 21 ans, on détermine approximativement l'accroissement moyen en retranchant de la population totale, la population mineure calculée; la différence est le nombre des individus au-dessus de 21 ans, en négligeant l'erreur des recensements et celle due à l'interpolation déjà exécutée. D'une autre part, en retranchant les décès au-dessus de 21 ans du nombre d'individus qui atteignent cet âge chaque année, on connaît l'accroissement absolu de la population majeure; il est facile d'en déduire l'accroissement proportionnel.

Ainsi, le nombre des garçons qui atteignent 21 ans est de	281850
Les décès masculins au-dessus de 21 ans s'élèvent à	205456
Au-dessus de 21 ans, l'accroissement absolu est	76400.
La population totale du sexe masculin s'élève d'après les recensements à environ	16000000
La population calculée au-dessous de 21 ans à	6931408
Population au-dessus de 21 ans	9168592
D'où l'on tire pour l'accroissement proportionnel	0,0083.

L'interpolation au-dessus de 21 ans doit donc satisfaire aux conditions suivantes :

1°. Que la fraction f_n augmente graduellement en partant de la valeur 0,006, de telle sorte que sa moyenne atteigne 0,0083;

2°. Que par suite de cette augmentation graduelle, la population se réduise à zéro en arrivant aux limites de la table.

3°. Que dans les âges avancés, le danger de mourir dans l'année aille toujours en augmentant.

En essayant une loi arbitraire d'accroissement pour le coefficient variable, on n'arrive pas de suite à remplir toutes les conditions du problème, mais on y parvient après quelques tâtonnements, qui n'offrent d'autre difficulté que la longueur des calculs.

Les mêmes procédés ont servi à distribuer la population par âges, dans les deux catégories extrêmes de départements; mais les données sont très différentes.

Dans la première section de la première classe, abstraction faite des départements des Pyrénées (Basses-) et des Pyrénées (Hautes-), dont les documents sont trop incertains, les naissances croissantes de 1806 à 1816 sont devenues stationnaires, et semblent même décroître légèrement. Le recrutement augmente de 0,0045; l'augmentation totale pour le sexe masculin est 0,0049.

Dans la deuxième section de la troisième classe, en supprimant le département du Bas-Rhin, qui a un mouvement extérieur trop considérable, l'accroissement des naissances est 0,0047, l'accroissement total 0,0062 pour le sexe masculin, et pour le recrutement 0,0044.

La troisième colonne des tables est intitulée *danger annuel;* elle s'obtient en divisant le nombre des décès de chaque âge par la population correspondante; elle fait connaître le danger de mourir aus l'année; le complément arithmétique de ces nombres serait la probabilité d'arriver à la période suivante.

La quatrième colonne, intitulée *Survivance,* exprime la loi de mortalité; elle indique combien d'individus survivraient à chaque âge, si les chances de la vie restaient les mêmes pendant un temps assez considérable. Chaque nombre de cette colonne s'obtient en multipliant le précédent par le complément du danger annuel.

On peut encore considérer cette quatrième colonne comme exprimant la loi suivant laquelle la population serait distribuée, si elle devenait stationnaire. Elle sert, en conséquence, de base au calcul de la vie moyenne et de la vie probable, dont les valeurs à chaque âge sont consignées dans les cinquième et sixième colonne de mes tables.

Je passerai rapidement en revue les conséquences les plus saillantes qui se déduisent des documents et des divers tableaux que j'ai réunis.

En ajoutant aux naissances de 1817 à 1833, toutes celles que j'ai pu recueillir dans des collections incomplètes de feuilles de mouvement qui remontent jusqu'à 1806, j'ai obtenu un total de

	25 025618	naissances savoir :
Garçons.....	12911 247	
Filles......	12114 371.	

Ce qui donne pour le rapport des deux sexes 1,065779 ou approximativement $\frac{16}{15}$, comme on le voit dans l'*Annuaire du Bureau des Longitudes;* mais ce résultat est déduit d'un nombre d'observations plus considérable. J'ajouterai que plusieurs des feuilles signalées dans l'*Annuaire* comme donnant exceptionnellement plus de naissances de filles que de garçons, sont au nombre des documents suspects sous d'autres rapports.

Le nombre absolu des naissances et le rapport des deux sexes varient dans les différents mois de l'année; plusieurs causes doivent y contribuer : les principales sont l'influence des saisons sur la constitution physique de l'homme, les conditions de la vie sociale et les habitudes religieuses. Le nombre des naissances est à son maximum en février et mars; il décroît graduellement jusqu'en juin et juillet, puis il augmente de nouveau en août et septembre, reste à peu près stationnaire pendant les mois d'octobre, novembre et décembre, pour augmenter rapidement en janvier. Dans le grand nombre des naissances en hiver on ne peut méconnaître l'influence du printemps; nul doute cependant qu'une partie du résultat ne soit due aux habitudes religieuses qui suspendent presque complétement la célébration des mariages en carême, et en rendent ainsi le nombre plus considérable au printemps que dans aucun autre temps de l'année.

Le minimum des naissances en juin et juillet prouve que les mois de septembre et d'octobre sont moins favorables à la reproduction de l'espèce humaine que les autres mois de l'année, dans nos climats.

Quelques auteurs ont pensé que le rapport des deux sexes augmentait avec le nombre absolu des naissances : les mois de janvier, février, mars, avril, juin, juillet, août, septembre et octobre, donnent des résultats conformes à cette loi ; mai et décembre en donnent de contraires.

Le rapport des deux sexes passe brusquement de son minimum en décembre, à son maximum en janvier ; cette anomalie me paraît dépendre comme je l'ai dit (page 255) d'une fraude des familles qui ne déclarent qu'en janvier les garçons nés dans les derniers jours de décembre pour retarder d'un an l'application de la loi du recrutement. Cette circonstance tend à confirmer la loi énoncée au paragraphe précédent, en montrant que l'exception du mois de décembre n'est qu'apparente.

La population calculée monte à...	16391982	individus du sexe masculin,
	16696030	...... du sexe féminin,
Total...	33088012.	

Pour l'année 1824, en y ajoutant :

1°. L'excès des naissances sur les décès de 1826 à 1834.......... 1219572
2°. La valeur présumée de cet excès pour 1835.................... 150000
3°. La correction pour les mort-nés pendant la période de 1826 à 1836. 175110,

on en déduit pour la population calculée en 1836, un total de

	34622694
Le recensement a donné.....	33540910.

Par les motifs précédemment exposés, le premier nombre doit être trop fort, le second trop faible, la moyenne est en nombre rond

34000000; elle ne diffère des deux résultats du calcul et du recensement que d'environ $\frac{1}{60}$ de la valeur totale. En évaluant la population de la France à 34000000, on suppose que le dernier recensement contient encore 500000 omissions. Cette hypothèse paraîtra plutôt au-dessous de la vérité qu'au-dessus, si l'on se rappelle que ce recensement contient déjà 278391 omissions de moins que le précédent, et que tous les deux sont de 100000 hommes au-dessous des contrôles de l'armée sur la classe des militaires absents de leur domicile, pour le service de l'État. Il est donc probable que la population surpasse réellement 34000000, et par conséquent ne diffère du nombre obtenu par le calcul que de $\frac{1}{85}$ ou $\frac{1}{90}$.

J'ai obtenu de l'administration quelques changements dans la disposition des feuilles du mouvement; je me propose de discuter ces feuilles à mesure qu'elles parviendront au ministère, pour en faire corriger de suite les erreurs patentes. A partir de 1837, on pourra calculer à l'avance les résultats du recrutement pour toute la France, ce qui fournit un moyen de contrôle important. Une période décennale ainsi discutée et comparée aux recensements qui doivent avoir lieu en 1841 et 1846, fournira certainement des résultats plus concordants, des limites plus resserrées.

Plusieurs auteurs ont fait remarquer avec raison, que le chiffre de la population ne marque pas seul la puissance d'un état; les enfants sont long-temps improductifs avant de contribuer à la prospérité et à la force du pays. J'ai adopté, pour faciliter les comparaisons, la division proposée par M. Quetelet, en adultes et en enfants au-dessous de 15 ans; j'y ai joint une autre division légale en France. La loi sur la garde nationale appelle à la défense du territoire les hommes de 18 à 60 ans et pose ainsi les bases de la force militaire du pays. J'ai cherché le rapport de cette force militaire à la population totale du sexe masculin. J'ai trouvé ainsi, dans la France entière, 217 adultes pour 100 enfants, et sur 1000 hommes 537 en âge de porter les armes; le nombre total de ces derniers est 8,795563 ou 0,265 de la population totale.

Dans les départements à mortalité lente, on compte 249 adultes pour 100 enfants, et 546 hommes en âge de porter les armes sur 1000 habitants du sexe masculin, 0,275 de la population totale.

Dans les départements à mortalité rapide, 207 adultes pour 100 enfants, et 525 hommes en état de porter les armes sur 1000 habitants du sexe masculin, 0,258 de la population totale.

En Belgique, d'après les recherches de M. Quetelet, le nombre des adultes est précisément le double de celui des enfants, la force militaire est 0,518; en général, cette contrée voisine de la France appartient pour les lois de la population à la catégorie de nos départements à mortalité rapide, parmi lesquels se trouve le département du Nord qui se rapproche beaucoup de la Belgique par sa position géographique, sa topographie, la densité de sa population, ses habitudes, sa richesse industrielle et agricole.

En comparant les nombres qui expriment le rapport des décès à la population de chaque âge dans les deux sexes, on voit que, dans l'enfance, la mortalité des filles est moindre que celle des garçons; mais à partir de 27 ans les chances de la vie sont un peu plus favorables pour les hommes que pour les femmes; on ne trouve le contraire que dans les âges très avancés, c'est-à-dire dans la partie où les tables deviennent moins certaines parce qu'elles ne reposent plus sur un assez grand nombre d'observations.

Les mêmes lois se vérifient pour les départements à mortalité lente. La catégorie des départements à mortalité rapide donne des résultats contraires de 40 à 70 ans; cela tient à une loi générale assez remarquable, qui consiste en ce que, en passant d'une table à l'autre, il y a moins de différence entre les nombres correspondants pour les femmes que pour les hommes. En d'autres termes, les causes générales nuisibles à la population altèrent moins profondément les lois de mortalité des femmes que celles des hommes.

Une opinion très répandue, quoique déjà démentie par plusieurs auteurs, attribue de grand dangers à certaines époques de la vie, et particulièrement à la puberté et au retour d'âge, chez les femmes,

Si cette opinion était fondée, on devrait trouver un maximum relatif dans le danger annuel entre 12 et 16 ans, et un autre entre 40 et 50 ans; au contraire, dans ces deux intervalles, l'observation donne des accroissements réguliers. Le seul maximum relatif que l'on trouve dans la table a lieu de 20 à 25 ans pour les hommes. Cette époque est celle du développement des passions; elle coïncide avec d'autres circonstances qui en agravent les effets. Les jeunes gens destinés aux professions libérales quittent alors leurs familles et les établissements d'instruction secondaire pour aller dans les grandes villes chercher l'éducation professionnelle. En même temps, les jeunes ouvriers viennent dans les grands centres d'industrie terminer leur apprentissage; le service domestique enlève, au même âge, des individus des deux sexes aux professions agricoles, et les attire dans les villes : ces diverses causes produisent dans la position de la jeunesse un changement brusque dont les tables de mortalité montrent les funestes conséquences. En effet, la mortalité qui est de 0,0072 à 18 ans, et 0,0084 à 30 ans, au lieu de s'accroître graduellement d'année en année, dans cet intervalle, monte rapidement à 0,0123. Il m'a paru intéressant d'évaluer le nombre des victimes qui succombent à cette transition brusque d'une vie dépendante et surveillée à une liberté dangereuse. A cet effet, j'ai comparé le nombre des survivants que donne la table à celui que l'on obtiendrait en supposant un accroissement régulier du danger annuel entre 18 et 30 ans. J'ai trouvé que sur 10000 jeunes gens parvenus à l'âge de 18 ans, 8885 atteignent la trentième année; un accroissement régulier en laisserait subsister 9174; les causes que j'ai signalées entraînent donc la perte de 289 jeunes gens sur 10000, ou 7568 dans toute la France, et rendent plus rapide la mortalité des âges suivants. Ces causes ont peu d'influence sur la population des petites villes et des campagnes, elles en ont au contraire une très forte dans les grandes villes. Ainsi, lorsque dans la France entière, les décès masculins de 19 à 30 ans forment les 0,0685 de la totalité, dans le département de la Seine ils en composent les 0,1197, de telle sorte que sur 15 jeunes gens qui succombent en France, il en meurt *un* dans Paris.

Un savant académicien, M. Benoiston de Châteauneuf, a énoncé que la mortalité dans l'armée, en temps de paix, est plus grande que dans la vie civile. Cette différence peut provenir, en partie, de ce que le recrutement prend un grand nombre de jeunes gens dans les campagnes et dans les petites villes, et les expose au séjour des grandes villes si dangereux dans cette période de la vie. Mais la plus grande partie du résultat n'est qu'apparente et provient des tables généralement usitées qui ne font point ressortir l'accroissement brusque de mortalité à l'âge du service militaire.

Une variation brusque du danger annuel a également lieu pour le sexe féminin, à la même époque de la vie. En partant de 19 ans, la mortalité monte rapidement de 0,0072 à 0,0091, et recommence à croître à 28 ans. En substituant à cette loi un accroissement graduel entre 19 et 30 ans, on trouve que l'influence des mœurs et des habitudes sociales augmente la mortalité dans cette période de 53 jeunes femmes sur 10 000 qui atteignent leur 19e année. Ici l'influence des grandes villes est encore sensible. Ainsi, dans la France entière, les décès féminins de 19 à 30 forment les 0,0721 du nombre total; dans le département de la Seine ils en forment les 0,0992; enfin, sur 19 jeunes femmes qui succombent dans toute la France, il en meurt *une* dans Paris.

Survivance et loi de mortalité.

La colonne intitulée *survivance* indique combien d'individus survivraient à chaque âge si les chances de la vie restaient les mêmes pendant un temps assez long. En faisant remonter par la pensée, au siècle dernier, les lois de mortalité exprimées par le danger annuel, la table de survivance représentera la manière dont la population serait distribuée maintenant sans l'effet des causes perturbatrices. Les différences entre cette répartition et la population effective peuvent donner une idée des ravages produits par les longues guerres de la Révolution et de l'Empire. Elles ont modifié la population de deux manières: 1° directement sur le sexe masculin, par la mort violente d'un grand nombre d'hommes et les blessures qui ont altéré la santé des survivants ; 2° indirectement sur les deux sexes, en détruisant de grandes ressources matérielles et en empêchant la reproduction. On voit en effet que les vides de la population sont plus grands pour les hommes que pour les femmes, et prennent surtout des valeurs proportionnelles considérables au-dessus de 40 ans et qui sont pour les deux sexes dans le rapport de 5 à 4.

M. Quetelet avait remarqué la différence caractéristique entre les tables basées sur l'hypothèse d'une population constante et les recensements. Il dit, en effet, à la page 306 de son *Essai de Physique sociale* : « La table de population déduite de la loi de mortalité donne des résultats généralement plus forts que ceux de la table obtenue directement par le recensement. » L'Académie jugera si les procédés que j'ai employés pour obtenir des tables exactes de population et de mortalité atteignent le but et font disparaître une discordance uniquement fondée sur ce que l'on voulait représenter par une seule table deux choses entièrement distinctes : la répartition de la population et la loi de mortalité.

La distribution des habitants des deux sexes exprimée par la table de survivance prouve que si les conditions de la vie restaient constantes, la population arriverait à une distribution telle que les deux sexes seraient dans le rapport de 16 hommes à 15 femmes; on compterait 283 adultes pour 100 enfants; la force militaire s'élèverait à 0,54 de la population du sexe masculin, et 0,28 de la population totale. Parvenus à ce point, tous les éléments de la population croîtraient dans un même rapport.

Vie probable et vie moyenne.

Puisque la table de survivance exprime une distribution de la population qui serait stationnaire tant que les lois de la mortalité resteraient constantes, on trouvera la vie probable à chaque âge en cherchant le temps nécessaire pour réduire la population à moitié. Ainsi, sur 325 978 garçons de 13 ans, la moitié parvient à l'âge de 63 ans; donc la vie probable à 13 ans est 50 ans.

A la naissance la vie probable est, dans la France entière, 41 ans 11 mois pour les garçons et 45 ans 7 mois pour les filles. Elle atteint son maximum pour les deux sexes à 3 ans, et ce maximum est le même, 56 ans 5 mois. A partir de cette époque la vie probable est un peu plus grande pour les hommes que pour les femmes; de 70 ans aux limites de la vie, cette quantité est la même pour les deux sexes.

Dans les départements à mortalité lente, la vie probable est à la naissance d'environ 51 ans pour les deux sexes; son maximum a lieu vers 3 ans : il est 59 ans 8 mois pour les garçons, 57 ans 11 mois pour les filles. La vie probable est constamment un peu plus longue pour le sexe masculin; la différence devient insensible dans les âges avancés.

Dans les départements à mortalité rapide, la vie probable n'est d'abord que de 30 ans 6 mois pour les garçons, 36 ans 10 mois pour les filles; le maximum arrive à 4 ans : il est de 52 ans 9 mois pour un sexe et 54 ans 5 mois pour l'autre. La vie probable est plus longue pour le sexe féminin, jusqu'à 76 ans; à partir de ce terme les différences sont en sens contraire, mais très faibles.

La vie moyenne est un élément fort incertain dans les premiers mois qui suivent la naissance; il dépend de la longueur des périodes dans lesquelles on divise la première enfance : le résultat est d'autant plus faible qu'on partage en périodes plus courtes. A partir de la 3e ou 4e année, le calcul devient plus certain. Je l'ai trouvée à la naissance de 38 ans 4 mois pour les garçons, 40 ans 10 mois pour les filles dans la France entière; la vie moyenne atteint son maximum vers 6 à 7 ans; les valeurs de ce maximum sont 48 ans 9 mois pour les garçons, 49 ans 9 mois pour les filles. La vie moyenne est d'abord inférieure à la vie probable; vers 54 ou 55 ans, ces deux quantités deviennent égales, ensuite la vie moyenne surpasse la vie probable jusqu'aux limites de la table; la comparaison de ces deux éléments conduit à des résulats presque identiques dans les trois catégories de départements.

Dans les départements à mortalité lente, la vie moyenne est à la naissance, 43 ans 6 mois pour les deux sexes; elle s'élève en maximum à 52 ans pour les garçons et 51 ans 1 mois pour les filles.

Dans la table de mortalité rapide, la vie moyenne est d'abord de 34 ans 11 mois pour les garçons, 35 ans 10 mois pour les filles; elle ne monte en maximum qu'à 46 ans 10 mois pour le sexe masculin, 47 ans 6 mois pour le sexe féminin.

Comparaison de diverses tables de mortalité.

J'ai regardé comme un complément indispensable de mon travail la comparaison des tables les plus usuelles avec les miennes; j'ai donc réuni dans un même cadre, en les ramenant au même nombre de naissances 10000, les tables de Duvillard, de Deparcieux, des villes de Northampton et de Carlisle; celles de la Belgique pour les villes et pour les campagnes, avec distinction des sexes; enfin les six tables que j'ai construites pour les deux sexes dans la France entière, et dans les deux catégories extrêmes de départements.

Au premier coup d'œil ces diverses tables paraissent complétement discordantes dans toutes leurs parties; cependant, en les étudiant attentivement, on reconnaît que les grandes différences portent sur la mortalité des enfants. Mais à des âges avancés, sous la divergence apparente due à cette première cause, on découvre un accord aussi exact qu'il est possible de l'espérer de la différence des observateurs, des lieux, des temps et des sexes. La conséquence générale qui ressort de cette comparaison est que la loi de mortalité varie beaucoup moins au-dessus de 50 ans que dans les autres périodes de la vie, et peut être considérée comme étant la même dans les deux sexes: résultat important pour le calcul des retraites, des pensions viagères, des usufruits, etc.; car, dans la pratique, ces diverses espèces de propriétés appartiennent rarement à des individus au-dessous de 50 ans.

A 50 ans, la table de Duvillard est la seule qui donne pour la vie

probable un nombre très différent de la moyenne 19 ans 3 mois;
à 70 ans aucune ne s'écarte beaucoup de la valeur moyenne 7 3.

Enfin, à 75 ans, le danger annuel approche beaucoup d'un sur dix dans toutes les tables; les résultats qui s'en écartent le plus sont 0,900, selon Duvillard, et 0,1157 d'après Deparcieux.

Quant à l'enfance, le nombre des survivants à 5 ans varie, dans les diverses tables, de 5364 à 7637; la vie probable à la naissance de 7 ans 11 mois à 51 ans; le même élément à 5 ans de 41 ans 4 mois à 58 ans 7 mois.

La table de Duvillard ne représente plus les lois de la mortalité pour la France ni pour aucune de ses grandes divisions.

Celle que Deparcieux avait construite pour des têtes choisies donne une mortalité trop rapide pour la France entière; elle s'accorde très bien avec la table que donneraient les départements à mortalité rapide en ne distinguant pas les sexes.

Les tables de Belgique font en quelque sorte une suite des tables françaises; car nos départements étant partagés en trois catégories, les villes belges en forment une quatrième, dont la mortalité est plus prompte; les campagnes une cinquième encore plus rapide.

La table de Carlisle est intermédiaire entre la France entière et la troisième classe de nos départements; elle peut représenter la mortalité d'un groupe de départements composé de la deuxième section de la seconde classe et de la première section de la troisième.

La mortalité de la ville de Northampton est d'une rapidité tout-à-fait exceptionnelle. Les compagnies d'assurances qui basent leurs calculs sur cette table pour les sommes payables au décès des assurés élèvent leurs primes au-delà de ce que demande la prudence. Par cette élévation du tarif elles repoussent un grand nombre d'affaires qui leur procureraient un bénéfice certain; inconvénient d'autant plus grave qu'il s'oppose au développement de la partie la plus morale des assurances, celle qui permet au soutien d'une famille de préserver, après lui, d'une ruine totale les objets de ses affections.

Les tables que je publie ici ne peuvent pas servir aux compagnies, du moins pour les assurances payables en cas de vie. En effet, il faudrait pour cet objet spécial des tables construites d'après les décès de têtes choisies. M. Finlaison a publié une table basée sur les opérations des compagnies d'assurances les plus anciennement établies en Angleterre. Ses calculs donnent encore une mortalité trop rapide pour des têtes choisies, parce qu'ils sont fondés sur l'observation des décès de tous les assurés sans distinction, tandis qu'il n'aurait fallu tenir compte pour ce but spécial, que des assurances en cas de vie, telles que rentes viagères, rentes différées et autres placements analogues.

Tout ce que les compagnies peuvent déduire de mes tables, c'est que la mortalité de Carlisle au-dessous de 50 ans, et même celle des départements de la première section sont trop rapides pour les assurances en cas de vie.

Quant aux assurances en cas de mort, il y aurait je crois de l'exagération à supposer qu'elles sont toutes souscrites par des individus placés dans des chances de vie défavorables; l'aisance et l'ordre que supposent de semblables placements, et la visite de médecin exigée par les compagnies sont des garanties qui élèvent la classe de cette espèce d'assurés, et les mettent au moins dans les conditions moyennes de nos départements à mortalité rapide. Je laisse d'ailleurs à l'intérêt privé le soin d'apprécier le terme où l'augmentation du nombre des affaires par l'admission d'une table plus favorable aux assurés peut compenser, le plus avantageusement pour les compagnies, la diminution des chances favorables aux assureurs.

Une autre circonstance doit entrer pour beaucoup dans le calcul des assurances en cas de vie. Elles supposent un jugement préalable porté par l'assuré ou par ses proches sur la durée probable de son existence; ainsi, aucune rente viagère, aucune rente différée, aucune autre assurance analogue n'est contractée sur la tête d'un individu menacé d'une maladie héréditaire ou exposé par sa profession à des dangers particuliers. Ce jugement devient d'autant plus incertain qu'il s'applique à une époque plus éloignée. Pour en tenir compte, il faut partager les survivants à partir d'un âge en deux parties égales, et répartir inégalement les décès indiqués par les tables entre ces deux catégories, de manière que celle qui contient les assurés en cas de vie éprouve une perte moindre que l'autre moitié; le rapport des décès se rapprochant peu à peu de l'égalité d'année en année, à mesure que l'on s'éloigne de l'époque où l'assurance a été contractée.

Les mêmes considérations s'appliquent aux assurances en cas de mort; le calcul est inverse et doit avoir pour base une table de mortalité rapide.

On voit par le rapprochement des tables ramenées au même nombre de survivants de 50 ans combien la mortalité calculée par Duvillard s'éloigne des conditions actuelles de la vie en France et en Belgique. La table de Deparcieux donne au contraire, presque constamment, des nombres intermédiaires entre la mortalité lente et la mortalité rapide dans nos diverses classes de départements. Les calculs de M. Quetelet, pour toute cette période de la vie, s'accordent avec les miens; cet accord, malgré la discordance très forte au-dessous de 50 ans, est une nouvelle preuve de la loi déjà énoncée que la mortalité au-dessus de 50 ans est peu variable et sensiblement la même dans les deux sexes. La table de Carlisle comprise entre les deux classes extrêmes de départements, depuis la naissance jusqu'à 46 ans, est beaucoup plus lente pour les âges avancés. Celle de Northampton, très rapide jusqu'à 60 ans, se rapproche ensuite beaucoup de la mortalité des villes en Belgique; elle est, à partir de 52 ans, beaucoup plus lente que la table de Duvillard.

Persuadé que la manière la plus claire de représenter les chances de la vie consiste dans le calcul du danger annuel, je terminerai par une remarque qui pourra faciliter la formation de tables arbitraires plus ou moins lentes ou rapides selon le but qu'on se propose. A partir de 50 ans le danger annuel double tous les dix ans pour la France entière; en supposant que le même effet se produise en 9 ans, on aura une loi de mortalité beaucoup plus rapide; en mettant au contraire

11 ans, on formera des tables de mortalité lente, qui s'éloigneront peu de la vérité. A 100 ans le danger annuel croît beaucoup plus rapidement; on ne peut pas en assigner la loi à cause du trop petit nombre des observations de longévité. On peut dire, en d'autres termes, qu'à partir de 50 ans le danger annuel augmente en proportion géométrique, dont la raison varie avec la population que l'on considère, et devient toujours un peu plus grande dans les âges très avancés, à partir de 90 ans.

De 5 ans à 50 ans, les lois de mortalité sont très différentes dans mes deux tables extrêmes, et l'on conçoit bien qu'en admettant pour le danger annuel des coefficients tous plus forts, ou tous plus faibles que ceux de l'observation, on pourra régler avec prudence et équité les conditions d'une transaction sur la vie humaine. Mais dans la première enfance, les lois de mortalité varient dans des limites si étendues qu'il ne paraît pas possible de fixer les conditions d'une convention basée sur la vie d'un enfant au-dessous de 5 ans. S'il s'agit, par exemple, d'une assurance en cas de vie, la compagnie devra supposer que sur 1000 naissances il y a moins de 118 décès dans l'année; et pour une assurance en cas de mort, elle devra calculer sur plus de 208 décès dans la même période. En présence de données aussi divergentes, et dans l'impossibilité de former un classement des assurés, on ne peut pas assigner avec quelque probabilité la valeur des primes qui laisseraient aux compagnies des bénéfices équivalents à ceux qu'obtiennent les capitaux employés dans les autres commerces.

Correction pour les mort-nés, **9849**. — FRANCE ENTIÈRE, *SEXE MASCULIN*.

Ages.		Décès.	Population.	Danger annuel.	Survivance.	Vie moyenne.		Vie probable.	
						ans.	mois.	ans.	mois.
De 0 jour	à 1 mois.....	35765	39658	......	498000	38	4	41	11
1 mois	2	11680	37859	......	462235	41	3	47	10
2	3.......	8365	37734	......	450555	42	3	49	5
3	6.......	14412	108559	......	442190	42	9	50	6
6	1 an.......	17763	209191	0,1767	427778	44	0	52	8
1 an	2 ans.....	25242	396524	0,0639	410015	45	2	53	9
2 ans	3.......	14149	376003	0,0377	383765	47	3	55	10
3	4.......	9200	363220	0,0254	369170	47	10	56	5
4	5.......	6649	354076	0,0189	359570	48	1	56	4
5	6.......	5234	346814	0,0152	352336	48	4	55	11
6	7.......	4249	340821	0,0125	346682	48	6	55	6
7	8.......	3593	335481	0,0108	342206	48	9	54	9
8	9.......	2978	329675	0,0091	338426	48	3	54	1
9	10.......	2467	325362	0,0079	335211	47	8	53	3
10	11.......	2076	320202	0,0065	332485	47		52	6
11	12.......	1720	316678	0,0055	329762	46	4	51	9
12	13.......	1594	313250	0,0051	327789	45	7	50	10
13	14.......	1481	310867	0,0048	325978	44	11	50	0
14	15.......	1560	306437	0,0052	324240	44	3	49	2
15	16.......	1710	303017	0,0057	322475	43	7	48	3
16	17.......	1854	299518	0,0063	320502	42	11	47	5
17	18.......	1966	295926	0,0067	318360	42	3	46	7
18	19.......	2088	292187	0,0072	316066	41	6	45	9
19	20.......	2270	288249	0,0079	313683	40	8	44	11
20	21.......	2538	284100	0,0090	311009	40	0	44	1
21	22.......	2922	279665	0,0105	308144	39	6	43	4
22	23.......	3178	274937	0,0116	303115	39	0	42	8
23	24.......	3300	269993	0,0123	299569	38	5	42	0
24	25.......	3228	265056	0,0122	295855	37	10	41	3
25	26.......	2866	260290	0,0111	292157	37	3	40	6
26	27.......	2428	255969	0,0095	288827	36	8	39	9
27	28.......	2232	251952	0,0088	286033	36	0	39	9
28	29.......	2108	248018	0,0086	283459	35	4	38	2
29	30.......	2049	244203	0,0085	281165	34	8	37	4
30	31.......	2012	240438	0,0084	278720	34	0	36	6
31	32.......	1988	236707	0,0085	276323	33	4	35	8
32	33.......	1971	233100	0,0085	273948	32	8	34	10
33	34.......	1960	229409	0,0086	271594	32	0	34	1
34	35.......	1952	225741	0,0087	269205	31	3	33	3
35	36.......	1944	222077	0,0088	266836	30	6	32	5
36	37	1937	218427	0,0089	263442	29	10	31	7
37	38.......	1932	214789	0,0090	261071	29	1	30	9
38	39.......	1926	211186	0,0091	258696	28	5	29	11
39	40.......	1926	207571	0,0093	256291	27	9	29	1
40	41... ...	1962	203945	0,0096	253857	27	0	28	3
41	42.......	2040	201272	0,0102	251370	26	3	27	4
42	43.......	2150	197506	0,0110	248781	25	6	26	6
43	44	2268	193638	0,0117	246019	24	9	25	8
44	45	2308	189704	0,0122	243087	24	1	24	11
45	46.......	2338	185749	0,0126	240027	23	5	24	2
46	47.......	2363	181742	0,0130	236955	22	8	23	4
47	48.......	2381	177811	0,0134	233755	22	0	22	7
48	49.......	2421	173828	0,0139	230574	21	4	21	11
49	50.......	2480	169813	0,0146	227300	20	7	21	1

Correction pour les mort-nés, 7662. — FRANCE ENTIÈRE, *SEXE FÉMININ*.

Ages.		Décès.	Population.	Danger annuel.	Survivance.	Vie moyenne.		Vie probable.	
						ans.	mois.	ans.	mois.
De 0 jour	à 1 mois	27828	37580	......	468342	40	10	45	7
1 mois	2	9087	36170	......	440514	43	4	49	8
2	3	6513	35577	......	431427	44	2	51	0
3	6	12027	106197	......	424914	44	8	51	11
6	1 an	16049	205412	0,1527	412887	45	6	53	0
1 an	2 ans	24198	390232	0,0620	396838	46	8	54	4
2 ans	3	13643	370461	0,0368	372438	49	0	56	0
3	4	9026	358312	0,0252	358816	49	6	56	5
4	5	6562	349666	0,0187	349821	49	9	56	1
5	6	5186	342988	0,0151	343315	49	9	55	9
6	7	4263	337253	0,0127	338163	49	5	55	3
7	8	3501	332442	0,0105	333902	49	1	54	7
8	9	2912	328279	0,0089	330428	48	7	53	11
9	10	2478	324599	0,0076	327510	48	0	53	1
10	11	2054	321313	0,0064	325021	47	5	52	3
11	12	1762	318365	0,0055	322937	46	8	51	5
12	13	1583	315610	0,0050	321166	45	11	50	7
13	14	1712	312857	0,0054	319573	45	2	49	9
14	15	2017	309855	0,0064	317853	44	5	48	10
15	16	2046	306661	0,0066	315828	43	8	48	0
16	17	2056	303423	0,0067	313763	43	0	47	2
17	18	2070	300146	0,0068	311691	42	3	46	4
18	19	2088	296807	0,0070	309603	41	7	45	6
19	20	2135	393419	0,0072	307448	40	10	44	8
20	21	2295	289883	0,0079	305265	40	1	43	9
21	22	2493	286136	0,0087	302880	39	5	43	0
22	23	2564	282245	0,0091	300161	38	10	42	2
23	24	2532	278286	0,0091	297431	38	2	41	5
24	25	2497	274333	0,0091	294727	37	6	40	7
25	26	2464	270388	0,0091	292052	36	10	39	9
26	27	2429	266454	0,0091	289404	36	2	38	11
27	28	2407	262523	0,0091	286774	35	5	38	2
28	29	2391	258592	0,0092	284173	34	9	37	4
29	30	2377	254666	0,0094	281563	34	1	36	6
30	31	2405	250717	0,0096	278931	33	5	35	8
31	32	2427	246746	0,0098	276295	32	9	34	10
32	33	2439	242758	0,0100	273490	32	1	34	1
33	34	2448	238760	0,0102	270756	31	5	33	3
34	35	2450	234758	0,0104	268008	30	9	32	6
35	36	2451	230757	0,0106	265235	30	0	31	8
36	37	2451	226760	0,0108	262438	29	4	30	10
37	38	2451	222767	0,0110	259618	28	8	30	1
38	39	2451	218779	0,0112	256775	28	0	29	3
39	40	2460	214782	0,0114	253924	27	3	28	6
40	41	2470	219793	0,0117	251043	26	7	27	8
41	42	2497	206793	0,0120	248107	25	11	26	10
42	43	2518	202784	0,0123	245131	25	2	26	1
43	44	2541	198753	0,0127	242132	24	6	25	4
44	45	2552	194713	0,0131	239070	23	10	24	7
45	46	2564	190729	0,0134	235952	23	2	23	9
46	47	2576	186680	0,0138	232813	22	5	22	11
47	48	2588	182625	0,0142	229611	21	9	22	2
48	49	2600	178585	0,0146	226362	21	1	21	5
49	50	2615	174542	0,0151	223069	20	4	20	8

Correction pour les mort-nés, 9849. — FRANCE ENTIÈRE, *SEXE MASCULIN.*

Ages.		Décès.	Population.	Danger annuel.	Survivance.	Vie moyenne.		Vie probable.	
						ans.	mois	ans.	mois.
De 50 ans à	51 ans..	2561	165754	0,0154	223891	19	11	20	3
51	52....	2679	161625	0,0166	220414	19	3	19	6
52	53....	2847	157376	0,0182	216733	18	6	18	9
53	54....	2945	153017	0,0193	212615	17	11	18	0
54	55....	2984	148613	0,0202	208467	17	3	17	4
55	56....	3004	144207	0,0209	204214	16	6	16	7
56	57....	3009	139816	0,0215	199926	15	9	15	10
57	58....	3030	135440	0,0224	195526	15	2	15	1
58	59....	3092	131052	0,0236	191108	14	6	14	4
59	60....	3284	126597	0,0260	186522	13	11	13	7
60	61...	3670	121885	0,0301	181580	13	3	12	11
61	62....	4174	116622	0,0359	176060	12	8	12	3
62	63....	4263	111004	0,0384	169668	12	2	11	8
63	64....	4307	105369	0,0408	163051	11	7	11	0
64	65...	4309	99966	0,0431	156366	11	1	10	5
65	66....	4313	94505	0,0456	149486	10	7	9	10
66	67....	4316	89188	0,0485	142609	10	1	9	3
67	68....	4321	83914	0,0515	135622	9	5	[illegible]	8
68	69....	4333	78681	0,0551	128570	9	0	8	1
69	70....	4375	73361	0,0590	121434	8	7	7	7
70	71....	4483	68185	0,0658	114209	8	1	7	1
71	72....	4692	62908	0,0746	106672	7	8	6	7
72	73....	4800	57507	0,0836	98672	7	3	6	2
73	74....	4874	52017	0,0937	90383	6	10	5	9
74	75....	4830	46614	0,1036	81896	6	6	5	5
75	76....	4636	41390	0,1120	73379	6	2	5	2
76	77....	4534	36465	0,1169	64941	5	11	5	0
77	78....	3829	31973	0,1200	57269	5	7	4	9
78	79....	3601	27913	0,1270	50340	5	4	4	5
79	80....	3264	24177	0,1350	43796	5	1	4	1
80	81....	2954	20802	0,1420	37840	4	9	3	9
81	82....	2797	17699	0,1580	32429	4	6	3	6
82	83....	2659	14772	0,1800	27289	4	3	3	3
83	84....	2372	12090	0,1960	22244	4	1	3	1
84	85....	1968	9782	0,2010	17796	4	0	3	0
85	86....	1620	7485	0,2060	14201	3	10	2	11
86	87....	1246	5967	0,2110	11219	3	9	2	10
87	88....	1021	4768	0,2160	8838	3	8	2	9
88	89....	829	3772	0,2210	6895	3	6	2	8
89	90....	672	2966	0,2280	5364	3	4	2	7
90	91....	541	2300	0,2350	4162	3	2	2	6
91	92....	434	1765	0,2460	3189	3	0	2	5
92	93....	344	1355	0,2550	2412	2	10	2	4
93	94....	276	1022	0,2700	1800	2	7	2	2
94	95....	228	760	0,3000	1318	2	5	2	0
95	96....	181	550	0,3300	926	2	2	1	9
96	97....	140	384	0,3650	631	2	0	1	7
97	98....	104	261	0,4000	402	1	10	1	5
98	99....	74	170	0,4400	243	1	8	1	3
99	100....	52	106	0,4900	139	1	6	1	2
100	101....	34	62	0,5500	77	1	4	1	0
101	102....	21	34	0,6200	39	1	2	0	11
102	103....	12	17	0,7000	19	1	0	0	9
103	104....	6	7	0,8000	8	0	9	0	7
104	105....	1	1	0,9000	2	0	6	0	5
TOTAUX			16391982		20402802				

Correction pour les mort-nés, 7662. — FRANCE ENTIÈRE, *SEXE FÉMININ.*

Ages.		Décès.	Population.	Danger annuel.	Survivance.	Vie moyenne.		Vie probable.	
						ans.	mois.	ans.	mois.
De 50ans à	51ans...	2685	170488	0,0157	219712	19	7	19	11
51	52....	2835	166345	0,0170	216274	18	11	19	1
52	53....	3010	162068	0,0185	212800	18	3	18	4
53	54....	3185	157630	0,0202	208863	17	7	17	7
54	55....	3296	153083	0,0215	204645	16	11	16	10
55	56....	3319	148506	0,0224	200246	16	3	16	2
56	57....	3348	143932	0,0233	195739	15	7	15	5
57	58....	3393	139349	0,0242	191155	15	0	14	9
58	59....	3465	134736	0,0257	186505	14	5	14	1
59	60....	3595	130061	0,0279	181686	13	8	13	5
60	61....	3949	125169	0,0315	176146	13	2	12	8
61	62....	4353	119932	0,0362	170597	12	7	12	1
62	63....	4512	114458	0,0393	164422	12	0	11	6
63	64....	4640	108878	0,0426	157960	11	6	10	10
64	65....	4688	103264	0,0454	151231	11	0	10	3
65	66....	4701	97660	0,0481	144366	10	6	9	8
66	67....	4708	92088	0,0511	137422	10	0	9	1
67	68....	4717	86537	0,0544	130399	9	6	8	6
68	69....	4730	81025	0,0584	123305	9	0	8	0
69	70....	4760	75547	0,0630	116214	8	6	7	6
70	71....	4834	70064	0,0690	108893	8	1	7	0
71	72....	4928	64542	0,0763	101487	7	7	6	6
72	73....	5033	58978	0,0853	93775	7	2	6	1
73	74....	5144	53355	0,0964	85805	6	10	5	9
74	75....	5080	47776	0,1063	77569	6	6	5	6
75	76....	4807	42375	0,1134	69424	6	2	5	3
76	77....	4462	37352	0,1195	61649	5	11	5	0
77	78....	4078	32740	0,1245	54375	5	7	4	9
78	79....	3645	28589	0,1275	47687	5	4	4	5
79	80....	3306	24847	0,1360	41696	5	0	4	1
80	81....	3165	21381	0,1480	36151	4	9	3	9
81	82....	2998	18092	0,1657	30910	4	6	3	6
82	83....	2761	15043	0,1835	25842	4	3	3	3
83	84....	2423	12312	0,1968	21140	4	1	3	1
84	85....	2069	9955	0,2050	17040	3	11	3	0
85	86....	1706	7928	0,2120	13698	3	9	2	11
86	87....	1425	6318	0,2200	10821	3	8	2	10
87	88....	1133	4976	0,2240	8527	3	7	2	9
88	89....	921	3910	0,2300	6633	3	6	2	8
89	90....	738	3030	0,2350	5107	3	4	2	7
90	91....	581	2348	0,2410	3932	3	2	2	6
91	92....	455	1823	0,2470	3008	3	0	2	5
92	93....	365	1395	0,2610	2273	2	10	2	4
93	94....	294	1055	0,2780	1684	2	8	2	2
94	95....	242	781	0,3100	1273	2	5	2	0
95	96....	187	566	0,3500	885	2	2	1	10
96	97....	145	394	0,3700	590	2	0	1	8
97	98....	107	268	0,3900	386	1	10	1	6
98	99....	76	176	0,4300	240	1	8	1	4
99	100....	54	110	0,4800	140	1	6	1	2
100	101....	34	65	0,5200	79	1	4	1	0
101	102....	21	36	0,5800	39	1	2	0	11
102	103....	12	19	0,6700	19	1	0	0	10
103	104....	6	8	0,7500	9	0	10	0	8
104	105....	1	1	0,8500	2	0	7	0	6
TOTAUX			16695030		19134141				

Correction pour les mort-nés, 808. — Ire CLASSE, Ire SECTION, *SEXE MASCULIN.*

Ages.		Décès.	Population.	Danger annuel.	Survivance.	Vie moyenne.		Vie probable	
						ans.	mois.	ans.	mois.
De 0 jour	à 1 mois......	3743	4066	......	50625	43	6	50	11
1 mois	2	957	3919	......	46882	46	6	55	8
2	3.......	687	3823	......	45925	47	11	56	7
3	6.......	1032	11230	......	45238	48	4	57	8
6	1 an.......	1325	21900	0,1530	44206	49	0	58	0
1 an	2 ans.....	2061	42120	0,0486	42881	49	9	58	10
2 ans	3.......	1268	40409	0,0313	40797	51	4	59	8
3	4.......	836	39313	0,0213	39528	51	9	59	6
4	5.......	607	38549	0,0157	38694	52	0	59	1
5	6.......	473	37966	0,0125	38090	51	10	58	7
6	7.......	406	37485	0,0108	37622	51	6	57	10
7	8.......	342	37070	0,0093	37220	51	1	57	1
8	9.......	282	36716	0,0076	36878	50	6	56	4
9	10.......	236	36426	0,0065	36596	49	11	55	6
10	11.......	198	36170	0,0055	36358	49	3	54	8
11	12.......	168	35946	0,0047	36157	48	6	53	9
12	13.......	159	35741	0,0045	35991	47	9	52	11
13	14.......	173	35534	0,0048	35831	47	0	52	1
14	15.......	187	35314	0,0051	35657	46	2	51	2
15	16.......	198	35081	0,0056	35469	45	5	50	3
16	17.......	209	84837	0,0060	35269	44	8	49	4
17	18.......	220	34576	0,0064	35058	43	11	48	6
18	19.......	232	34297	0,0068	34836	43	2	47	8
19	20.......	244	33990	0,0073	34601	42	6	46	10
20	21.......	270	33653	0,0081	34355	41	9	46	0
21	22.......	303	33267	0,0091	34084	41	1	45	2
22	23.......	339	32836	0,0104	33778	40	6	44	4
23	24.......	378	32357	0,0117	33430	39	11	43	7
24	25.......	371	31852	0,0116	33040	39	5	42	10
25	26.......	324	31365	0,0104	32659	38	10	42	1
26	27.......	280	30913	0,0091	32323	38	3	41	3
27	28.......	234	30446	0,0078	31901	37	8	40	6
28	29.......	219	30049	0,0074	31655	37	0	39	8
29	30.......	216	29651	0,0072	31424	36	3	38	10
30	31.......	214	29246	0,0073	31144	35	6	38	0
31	32.......	214	28832	0,0074	30912	34	10	37	2
32	33.......	213	28408	0,0075	30686	34	1	36	4
33	34.......	212	27975	0,0076	30460	33	4	35	6
34	35.......	212	27533	0,0077	30232	32	6	34	8
35	36.......	210	27081	0,0078	30000	31	9	33	9
36	37.......	205	26624	0,0078	29770	31	0	32	11
37	38.......	198	26169	0,0079	29541	30	4	32	0
38	39.......	197	25710	0,0080	29302	29	7	31	2
39	40.......	201	25254	0,0081	29074	28	9	30	4
40	41.......	211	24796	0,0084	28844	27	11	29	6
41	42.......	220	24333	0,0090	28604	27	3	28	8
42	43.......	229	23865	0,0096	28353	26	6	27	10
43	44.......	236	23404	0,0101	28086	25	9	27	0
44	45.......	244	22936	0,0106	27708	25	1	26	2
45	46.......	249	22460	0,0110	27420	24	4	25	4
46	47.......	254	21994	0,0115	27024	23	8	24	7
47	48.......	259	21518	0,0120	26721	23	0	23	10
48	49.......	263	21062	0,0125	26406	22	3	23	0
49	50.......	269	20606	0,0131	26081	21	6	22	2

Correction pour les mort-nés, 617 — Ire CLASSE, Ire SECTION, *SEXE FÉMININ.*

Ages.		Décès.	Population.	Danger annuel.	Survivance.	Vie moyenne.		Vie probable.	
						ans.	mois.	ans.	mois.
De 0 jour	à 1 mois	2432	3815	......	47184	43	6	51	0
1 mois	2	623	3702	......	44652	45	11	53	11
2	3	446	3653	......	44029	46	6	54	6
3	6	871	10774	......	43583	46	9	55	0
6	1 an	1168	20621	0,1174	42712	47	4	55	7
1 an	2 ans	1969	39801	0,0495	40743	48	11	57	0
2 ans	3	1210	38209	0,0317	38726	50	5	57	9
3	4	878	37156	0,0236	37499	51	0	57	11
4	5	576	36415	0,0158	36615	51	1	57	7
5	6	467	35875	0,0130	36037	51	1	57	1
6	7	380	35430	0,0107	35569	50	9	56	6
7	8	327	35052	0,0093	35188	50	3	55	9
8	9	282	34719	0,0081	34850	49	8	55	0
9	10	238	34429	0,0069	34567	49	1	54	3
10	11	210	34171	0,0061	34328	48	5	53	6
11	12	188	33935	0,0056	34116	47	10	52	8
12	13	172	33716	0,0051	33926	47	1	51	10
13	14	180	33497	0,0054	33752	46	4	51	0
14	15	185	33268	0,0056	33570	45	7	50	2
15	16	194	33029	0,0059	33383	44	10	49	3
16	17	210	32775	0,0064	33186	44	1	48	5
17	18	225	32502	0,0069	32973	43	4	47	7
18	19	239	32211	0,0074	32745	42	8	46	9
19	20	246	31907	0,0077	32503	42	0	45	11
20	21	252	31695	0,0079	32258	41	3	45	1
21	22	256	31375	0,0081	32002	40	6	44	3
22	23	262	31048	0,0084	31743	39	11	43	5
23	24	266	30713	0,0086	31475	39	3	42	8
24	25	270	30573	0,0088	31203	38	7	41	10
25	26	268	30229	0,0088	30948	37	11	41	0
26	27	262	29885	0,0088	30674	37	3	40	2
27	28	261	29542	0,0088	30406	36	7	39	5
28	29	259	29199	0,0089	30140	35	11	38	7
29	30	259	28855	0,0090	29884	35	3	37	9
30	31	259	28518	0,0091	29616	34	6	36	11
31	32	259	28107	0,0092	29347	33	10	36	1
32	33	259	27768	0,0093	29076	33	2	35	4
33	34	259	27418	0,0094	28805	32	5	34	6
34	35	259	27067	0,0096	28533	31	9	33	8
35	36	259	26714	0,0097	28260	31	1	32	11
36	37	259	26359	0,0098	27986	30	4	32	1
37	38	259	26003	0,0099	27710	29	8	31	3
38	39	259	25645	0,0100	27434	28	11	30	5
39	40	259	25285	0,0102	27159	28	3	29	7
40	41	262	24923	0,0105	26882	27	6	28	10
41	42	266	24551	0,0108	26602	26	9	28	0
42	43	270	24187	0,0111	26315	26	1	27	2
43	44	274	23819	0,0115	26023	25	4	26	4
44	45	278	23449	0,0119	25724	24	8	25	7
45	46	282	23074	0,0122	25418	23	11	24	9
46	47	286	22698	0,0126	25108	23	3	24	0
47	48	290	22320	0,0130	24805	22	6	23	2
48	49	294	21939	0,0134	24583	21	9	22	4
49	50	300	21554	0,0140	24254	21	0	21	6

Correction pour les mort-nés, 808. — Ire CLASSE, Ire SECTION, *SEXE MASCULIN.*

Ages.		Décès.	Population.	Danger annuel.	Survivance.	Vie moyenne.		Vie probable.	
						ans.	mois.	ans.	mois.
De 50 ans à	51 ans..	279	20157	0,0138	25746	20	9	21	4
51	52....	298	19699	0,0151	25396	20	1	20	7
52	53....	318	19255	0,0160	25021	19	4	19	9
53	54....	325	18751	0,0173	24614	18	8	18	11
54	55....	337	18275	0,0184	24196	18	0	18	2
55	56....	341	17799	0,0191	23757	17	4	17	5
56	57....	350	17329	0,0202	23311	16	7	16	7
57	58....	360	16861	0,0219	22847	15	11	15	10
58	59....	371	16397	0,0226	22354	15	4	15	1
59	60....	383	15926	0,0240	21855	14	7	14	4
60	61....	413	15440	0,0267	21338	14	0	13	7
61	62....	466	14915	0,0316	20777	13	4	12	10
62	63....	515	14340	0,0358	20127	12	9	12	1
63	64....	530	13740	0,0385	19416	12	3	11	6
64	65....	538	13135	0,0400	18670	11	8	10	10
65	66....	541	12517	0,0432	17923	11	2	10	2
66	67....	542	11900	0,0455	17156	10	7	9	7
67	68....	543	11307	0,0488	16383	10	1	9	0
68	69....	544	10706	0,0508	15593	9	7	8	5
69	70....	545	10117	0,0538	14807	9	1	7	10
70	71....	576	9504	0,0606	14022	8		7	3
71	72....	614	8865	0,0693	13174	8	0	6	10
72	73....	664	8141	0,0825	12266	7	7	6	6
73	74....	696	7424	0,0937	11261	7	3	6	2
74	75....	685	6700	0,1022	10211	6	11	5	11
75	76....	645	6005	0,1074	9168	6	8	5	9
76	77....	590	5364	0,1110	8183	6	5	5	6
77	78....	546	4773	0,1130	7275	6	2	5	3
78	79....	490	4235	0,1150	6453	5	11	5	0
79	80....	443	3751	0,1180	5711	5	7	4	8
80	81....	410	3308	0,1240	5037	5	3	4	3
81	82....	400	2889	0,1385	4412	5	0	3	11
82	83....	390	2481	0,1575	3801	4	9	3	8
83	84....	362	2095	0,1725	3201	4	6	3	6
84	85....	320	1746	0,1830	2649	4	4	3	4
85	86....	273	1446	0,1875	2164	4	1	3	3
86	87....	229	1191	0,1920	1758	3	11	3	1
87	88....	193	978	0,1975	1420	3	10	3	0
88	89....	163	799	0,2040	1139	3	9	2	11
89	90....	136	644	0,2110	907	3	7	2	9
90	91....	113	518	0,2180	705	3	5	2	8
91	92....	94	412	0,2280	551	3	3	2	7
92	93....	78	324	0,2410	425	3	0	2	5
93	94....	63	250	0,2520	322	2	10	2	3
94	95....	52	190	0,2700	240	2	7	2	1
95	96....	42	140	0,3000	175	2	5	1	10
96	97....	33	100	0,3300	122	2	3	1	8
97	98....	25	60	0,3620	82	2	1	1	6
98	99....	18	46	0,3830	54	1	11	1	5
99	100....	12	30	0,4000	35	1	9	1	4
100	101....	8	19	0,4500	21	1	6	1	2
101	102....	5	11	0,5000	13	1	3	1	0
102	103....	3	5	0,6667	6	1	1	0	10
103	104....	2	3	0,7500	3	0	10	0	8
104	105....	1	1	0,9000	1	0	7	0	6

Correction pour les mort-nés, 7662. — Ire CLASSE, Ire SECTION, *SEXE FÉMININ.*

Ages.	Décès.	Population.	Danger annuel.	Survivance.	Vie moyenne. ans.	mois.	Vie probable. ans.	mois.
De 50ans à 51ans..	310	21159	0,0147	23914	20	4	20	9
51 52....	338	20752	0,0163	23562	19	7	19	11
52 53....	364	20319	0,0179	23178	18	11	19	2
53 54....	383	19866	0,0193	22763	18	3	18	5
54 55....	398	19398	0,0205	22324	17	7	17	8
55 56....	410	18917	0,0217	21876	16	11	16	11
56 57....	427	18424	0,0231	21401	16	4	16	2
57 58....	444	17916	0,0248	20907	15	8	15	5
58 59....	461	17393	0,0265	20389	15	1	14	9
59 60....	483	16852	0,0286	19849	14	6	14	1
60 61....	499	16294	0,0306	19281	13	11	13	4
61 62....	515	15722	0,0327	18691	13	4	12	8
62 63....	531	15136	0,0351	18080	12	9	12	0
63 64....	547	14537	0,0376	17426	12	2	11	4
64 65....	560	13925	0,0402	16871	11	7	10	8
65 66....	578	13301	0,0434	16193	11	0	10	1
66 67....	586	12666	0,0463	15490	10	6	9	6
67 68....	595	12026	0,0495	14773	10	0	8	11
68 69....	604	11379	0,0538	14043	9	6	8	4
69 70....	620	10712	0,0579	13288	9	0	7	10
70 71....	640	10036	0,0637	12519	8	6	7	4
71 72....	677	9331	0,0725	11721	8	1	6	11
72 73....	707	8596	0,0822	10871	7	8	6	7
73 74....	724	7840	0,0924	9977	7	4	6	3
74 75....	704	7088	0,0993	9055	7	0	6	0
75 76....	655	6372	0,1028	8156	6	9	5	9
76 77....	609	5707	0,1067	7318	6	6	5	6
77 78....	559	5096	0,1083	6537	6	2	5	2
78 79....	513	4534	0,1131	5829	5	11	4	10
79 80....	488	4006	0,1218	5169	5	7	4	6
80 81....	462	3507	0,1317	4539	5	3	4	2
81 82....	435	3038	0,1432	3941	5	0	3	11
82 83....	405	2600	0,1558	3379	4	9	3	8
83 84....	376	2195	0,1713	2843	4	7	3	6
84 85....	327	1830	0,1785	2356	4	5	3	5
85 86....	276	1518	0,1818	1946	4	3	3	3
86 87....	234	1254	0,1865	1575	4	2	3	2
87 88....	200	1030	0,1942	1281	4	0	3	1
88 89....	169	840	0,2012	1032	3	10	3	0
89 90....	143	679	0,2107	824	3	8	2	11
90 91....	117	545	0,2147	650	3	6	2	9
91 92....	99	434	0,2281	510	3	4	2	8
92 93....	80	342	0,2339	394	3	2	2	6
93 94....	65	267	0,2434	302	2	11	2	4
94 95....	53	195	0,2715	228	2	9	2	2
95 96....	43	145	0,2965	166	2	7	2	0
96 97....	34	111	0,3063	117	2	6	1	11
97 98....	26	79	0,3290	84	2	4	1	10
98 99....	19	56	0,3393	60	2	1	1	8
99 100....	13	37	0,3513	40	1	10	1	6
100 101....	9	23	0,3906	25	1	7	1	3
101 102....	6	13	0,4600	14	1	4	1	1
102 103....	3	6	0,5500	7	1	2	0	11
103 104....	2	3	0,6600	3	1	0	0	9
104 105....	1	1	0,8000	1	0	8	0	7

Correction pour les mort-nés, 1/23. — 3e CLASSE, 2e SECTION, *SEXE MASCULIN.*

Ages.		Décès.	Population.	Danger annuel.	Survivance.	Vie moyenne.		Vie probable.	
						ans.	mois.	ans.	mois.
De 0 jour	à 1 mois.....	5166	5006	......	63274	34	11	30	6
1 mois	2.......	1685	4742	......	58108	37	11	38	5
2	3.......	1210	4632	......	56423	39	0	40	0
3	6.......	2336	13431	......	55213	39	6	42	9
6	1 an.......	2765	26159	0,2080	52877	41	0	45	5
1 an	2 ans.....	2719	47874	0,0776	50112	42	6	48	5
2 ans	3.......	2036	44759	0,0455	46220	45	0	51	6
3	4.......	1397	42816	0,0326	44112	46	2	52	5
4	5.......	963	41380	0,0233	42667	46	8	52	9
5	6.......	819	40237	0,0204	41667	46	10	52	7
6	7.......	611	39241	0,0156	40811	46	10	52	4
7	8.......	505	38370	0,0132	40170	46	6	51	10
8	9.......	408	37508	0,0109	39637	46	2	51	2
9	10.......	340	36864	0,0092	39205	45	9	50	7
10	11.......	280	36297	0,0077	38812	45	2	49	11
11	12.......	232	35788	0,0065	38509	44	6	49	2
12	13.......	196	35324	0,0056	38254	43	10	48	5
13	14.......	172	34903	0,0049	38036	43	1	47	7
14	15.......	174	34486	0,0051	37845	42	4	46	8
15	16.......	187	34066	0,0056	37648	41	6	45	10
16	17.......	212	33629	0,0063	37433	40	8	45	0
17	18.......	242	33168	0,0073	37196	39	10	44	2
18	19.......	272	32699	0,0083	36922	39	2	43	5
19	20.......	304	32183	0,0094	36613	38	7	42	7
20	21.......	354	31637	0,0112	36266	38	0	41	9
21	22.......	414	31053	0,0134	35860	37	5	41	1
22	23.......	449	30433	0,0147	35375	36	11	40	5
23	24.......	439	29801	0,0147	34851	36	5	39	8
24	25.......	396	29198	0,0136	34335	36	0	39	1
25	26.......	366	28631	0,0128	33865	35	6	38	5
26	27.......	340	28093	0,0121	33428	35	0	37	8
27	28.......	315	27579	0,0114	33000	34	5	37	0
28	29.......	294	27093	0,0108	32610	33	10	36	2
29	30.......	279	26623	0,0105	32264	33	2	35	6
30	31.......	275	26158	0,0105	31912	32	6	34	9
31	32.......	272	25704	0,0106	31563	31	11	33	11
32	33.......	270	25253	0,0107	31218	31	3	33	1
33	34.......	268	24807	0,0108	30871	30	7	32	4
34	35.......	266	24363	0,0109	30520	29	11	31	7
35	36.......	263	23946	0,0109	30186	29	3	30	9
36	37.......	258	23517	0,0109	29856	28	8	29	11
37	38.......	251	23096	0,0108	29531	27	11	29	2
38	39.......	242	22689	0,0107	29202	27	2	28	5
39	40.......	234	22292	0,0105	28889	26	5	27	7
40	41.......	245	21897	0,0112	28585	25	9	26	9
41	42.......	258	21493	0,0120	28265	25	0	26	0
42	43.......	271	21079	0,0128	27925	24	4	25	2
43	44.......	280	20657	0,0135	27564	23	8	24	5
44	45.......	283	20231	0,0139	27189	22	11	23	7
45	46.......	285	19805	0,0144	26797	22	4	22	10
46	47.......	287	19380	0,0148	26411	21	8	22	1
47	48.......	289	18966	0,0152	26019	20	11	21	4
48	49.......	291	18543	0,0157	25622	20	3	20	7
49	50.......	294	18120	0,0161	25218	19	7	19	11

Correction pour les mort-nés, 1079, — 3ᵉ CLASSE, 2ᵉ SECTION, *SEXE FÉMININ.*

Ages.		Décès.	Population.	Danger annuel.	Survivance.	Vie moyenne.		Vie probable.	
						ans.	mois.	ans.	mois.
De 0 jour	à 1 mois	3918	4771	......	59702	35	10	36	10
1 mois	2	1280	4574	......	55784	39	0	41	11
2	3	916	4487	......	54504	39	9	43	7
3	6	2059	13119	......	53588	40	6	44	9
6	1 an	2562	25117	0,1799	51419	41	8	47	6
1 an	2 ans	3598	46925	0,0768	48967	43	0	50	1
2 ans	3	1991	43919	0,0454	45200	45	7	53	2
3	4	1308	42063	0,0312	43136	46	8	54	2
4	5	956	40726	0,0235	41788	47	3	54	5
5	6	716	39702	0,0181	40800	47	6	54	4
6	7	580	38860	0,0149	40056	47	4	53	11
7	8	484	38134	0,0128	39416	47	0	53	5
8	9	393	37504	0,0105	38905	46	7	52	10
9	10	308	36968	0,0085	38490	46	1	52	2
10	11	275	36491	0,0076	38167	45	6	51	5
11	12	245	36049	0,0069	37870	44	10	50	8
12	13	215	35539	0,0061	37602	44	2	49	11
13	14	204	35152	0,0058	37366	43	5	49	1
14	15	210	34769	0,0061	37149	42	8	48	3
15	16	217	34381	0,0064	36916	41	11	47	5
16	17	231	33985	0,0069	36673	41	2	46	6
17	18	246	33576	0,0074	36413	40	6	45	8
18	19	259	33157	0,0079	36137	39	10	44	10
19	20	270	32728	0,0083	35845	39	3	44	0
20	21	276	32291	0,0086	35550	38	8	43	2
21	22	278	31849	0,0088	35237	38	1	42	4
22	23	279	31404	0,0090	34920	37	6	41	6
23	24	280	30956	0,0091	34609	36	11	40	9
24	25	281	30505	0,0092	34303	36	4	40	0
25	26	282	30051	0,0094	33979	35	9	39	3
26	27	282	29596	0,0096	33653	35	2	38	5
27	28	282	29140	0,0098	33322	34	7	37	8
28	29	282	28683	0,0099	32988	34	6	36	10
29	30	282	28226	0,0101	32653	33	5	36	1
30	31	282	27768	0,0103	32315	32	9	35	3
31	32	282	27310	0,0105	31974	32	1	34	6
32	33	282	26850	0,0107	31530	31	5	33	9
33	34	282	26391	0,0109	31183	30	9	33	0
34	35	282	25931	0,0110	30843	30	1	32	2
35	36	282	25472	0,0112	30500	29	5	31	5
36	37	282	25012	0,0114	30148	28	9	30	8
37	38	282	24551	0,0116	29794	28	1	29	10
38	39	282	24091	0,0118	29441	27	5	29	1
39	40	282	23632	0,0120	28983	26	9	28	4
40	41	282	23173	0,0122	28604	26	1	27	6
41	42	282	22714	0,0124	28251	25	5	26	9
42	43	282	22256	0,0127	27896	24	9	26	0
43	44	282	21800	0,0130	27540	24	2	25	2
44	45	282	21344	0,0133	27180	23	6	24	5
45	46	282	20889	0,0136	26816	22	9	23	7
46	47	282	20335	0,0139	26448	22	1	22	10
47	48	282	19882	0,0142	26076	21	5	22	1
48	49	282	19432	0,0145	25702	20	9	21	3
49	50	282	18933	0,0150	25325	20	1	20	6

Correction pour les mort-nés, **1823**. — 3ᵉ CLASSE, 2ᵉ SECTION, *SEXE MASCULIN.*

Ages.			Décès.	Population.	Danger annuel.	Survivance.	Vie moyenne. ans.	mois.	Vie probable. ans.	mois.
De	50ans à	51ans..	305	17691	0,0176	24808	18	11	19	1
	51	52....	328	17245	0,0191	24370	18	3	18	4
	52	53....	348	16791	0,0207	23883	17	5	17	7
	53	54....	360	16312	0,0221	23384	17	0	16	11
	54	55....	367	15825	0,0232	22854	16	5	16	3
	55	56....	372	15331	0,0242	22286	15	9	15	7
	56	57....	378	14836	0,0255	21729	15	2	14	11
	57	58....	384	14336	0,0268	21160	14	7	14	3
	58	59....	390	13832	0,0282	20589	13	11	13	6
	59	60....	397	13326	0,0299	19992	13	4	12	11
	60	61....	416	12819	0,0325	19392	12	9	12	3
	61	62....	441	12284	0,0360	18742	12	2	11	7
	62	63....	476	11722	0,0406	18061	11	7	11	0
	63	64....	491	11141	0,0441	17318	11	1	10	5
	64	65...	500	10542	0,0474	16539	10	7	9	11
	65	66....	505	9949	0,0508	15746	10	2	9	4
	66	67....	507	9360	0,0540	14953	9	8	8	10
	67	68....	508	8785	0,0578	14132	9	2	8	4
	68	69....	509	8218	0,0619	13308	8	8	7	10
	69	70....	509	7636	0,0674	12478	8	2	7	3
	70	71....	509	7061	0,0720	11629	7	8	6	10
	71	72....	508	6506	0,0780	10780	7	4	6	5
	72	73....	506	5940	0,0852	9928	6	11	6	0
	73	74....	505	5385	0,0937	9074	6	6	5	7
	74	75....	504	4830	0,1045	8222	6	2	5	3
	75	76....	496	4284	0,1152	7358	5	10	5	0
	76	77....	460	3760	0,1218	6505	5	7	4	9
	77	78....	413	3286	0,1257	5712	5	3	4	5
	78	79....	373	2864	0,1309	4972	4	11	4	1
	79	80....	334	2484	0,1402	4296	4	8	3	9
	80	81....	310	2132	0,1472	3670	4	5	3	6
	81	82....	292	1804	0,1650	3120	4	2	3	2
	82	83....	280	1492	0,1900	2540	3	11	2	11
	83	84....	260	1235	0,2100	2058	3	9	2	9
	84	85....	220	984	0,2200	1618	3	7	2	8
	85	86....	178	771	0,2300	1255	3	6	2	7
	86	87....	141	605	0,2330	963	3	5	2	6
	87	88....	111	474	0,2360	735	3	3	2	5
	88	89....	89	370	0,2390	550	3	2	2	5
	89	90....	70	287	0,2435	415	3	1	2	4
	90	91....	55	221	0,2480	310	3	0	2	3
	91	92....	43	169	0,2540	232	2	10	2	2
	92	93....	34	128	0,2660	173	2	8	2	1
	93	94....	27	93	0,2900	126	2	5	2	0
	94	95....	21	66	0,3200	90	2	2	1	11
	95	96....	16	46	0,3500	61	2	0	1	8
	96	97....	12	31	0,4000	40	1	10	1	5
	97	98....	9	20	0,4500	24	1	8	1	2
	98	99....	6	12	0,5000	13	1	6	1	1
	99	100..	4	7	0,5500	8	1	4	1	0
	100	101....	2	4	0,6000	4	1	1	0	10
	101	102....	1	2	0,7000	2	0	11	0	8
	102	103....	1	1	0,9000	1	0	8	0	6
	103	104....	0	0		0				
	104	105....								

Correction pour les mort-nés, 1079. — 3e CLASSE, 2e SECTION, *SEXE FÉMININ.*

Ages.		Décès.	Population.	Danger annuel.	Survivance.	Vie moyenne.		Vie probable.	
						ans.	mois.	ans.	mois.
De 50ans à	51ans..	291	18531	0,0158	24940	19	5	19	9
51	52....	305	18079	0,0170	24541	18	9	19	0
52	53....	324	17592	0,0185	24121	18	1	18	3
53	54....	338	17101	0,0199	23669	17	5	17	6
54	55....	350	16600	0,0218	23197	16	9	16	9
55	56....	356	16093	0,0224	22688	16	1	16	0
56	57....	359	15585	0,0231	22172	15	6	15	4
57	58....	361	15077	0,0240	21652	14	10	14	7
58	59....	364	14570	0,0250	21123	14	3	13	11
59	60....	368	14063	0,0262	20595	13	7	13	2
60	61....	389	13537	0,0289	19955	13	0	12	6
61	62....	429	12994	0,0331	19378	12	4	11	10
62	63....	482	12309	0,0398	18731	11	9	11	2
63	64....	508	11690	0,0450	17987	11	3	10	7
64	65....	511	11061	0,0463	17177	10	9	10	0
65	66....	511	10436	0,0490	16381	10	3	9	5
66	67....	511	9816	0,0522	15587	9	9	8	11
67	68....	511	9201	0,0568	14771	9	3	8	5
68	69....	511	8591	0,0594	13929	8	10	7	11
69	70....	512	7988	0,0642	13096	8	4	7	5
70	71....	519	7387	0,0702	12253	7	10	6	11
71	72....	538	6779	0,0792	11378	7	5	6	6
72	73....	545	6161	0,0884	10469	7	0	6	1
73	74....	533	5560	0,0958	9533	6	8	5	9
74	75....	498	4989	0,1000	8610	6	4	5	5
75	76....	478	4445	0,1071	7749	6	0	5	1
76	77....	458	3948	0,1160	6898	5	8	4	9
77	78....	429	3467	0,1237	6071	5	5	4	5
78	79....	394	3022	0,1303	5290	5	1	4	2
79	80....	368	2612	0,1409	4595	4	10	3	11
80	81....	338	2234	0,1513	3908	4	7	3	9
81	82....	308	1889	0,1630	3304	4	4	3	6
82	83....	278	1578	0,1762	2743	4	1	3	4
83	84....	246	1303	0,1900	2249	3	11	3	2
84	85....	228	1054	0,2170	1809	3	9	3	0
85	86....	186	836	0,2225	1413	3	7	2	10
86	87....	157	656	0,2408	1194	3	4	2	7
87	88....	126	506	0,2500	897	3	2	2	5
88	89....	98	388	0,2526	672	3	1	2	4
89	90....	76	296	0,2570	498	3	0	2	3
90	91....	57	212	0,2688	369	2	11	2	2
91	92....	41	151	0,2710	266	2	10	2	1
92	93....	31	113	0,2740	192	2	9	2	0
93	94....	23	83	0,2760	138	2	8	1	11
94	95....	17	60	0,2775	100	2	7	1	10
95	96....	13	44	0,2800	72	2	5	1	9
96	97....	10	32	0,3000	51	2	2	1	8
97	98....	8	23	0,3400	36	1	11	1	7
98	99....	6	15	0,3900	22	1	9	1	6
99	100....	4	10	0,4400	14	1	6	1	3
100	101....	3	6	0,5000	8	1	2	1	0
101	102....	2	3	0,7000	4	0	10	0	9
102	103....	1	1	0,9000	1	0	7	0	6
103	104....	0	0		0				
104	105....								

Comparaison de plusieurs Tables de Mortalité.

Ages.	FRANCE. Entière. Hommes	FRANCE. Entière. Femmes	FRANCE. 1re Classe, 1re Sect. Hommes	FRANCE. 1re Classe, 1re Sect. Femmes	FRANCE. 3e Classe, 2e Sect. Hommes	FRANCE. 3e Classe, 2e Sect. Femmes	FRANCE. Deparcieux.	FRANCE. Duvillard.	BELGIQUE. Villes. Hommes.	BELGIQUE. Villes. Femmes.	BELGIQUE. Campagnes. Hommes.	BELGIQUE. Campagnes. Femmes.	ANGLETERRE. Ville de Northampton.	ANGLETERRE. Ville de Carlisle.	Ages.
0	10000	10000	10000	10000	10000	10000	10000	10000	10000	10000	10000	10000	10000	10000	0
1	8236	8473	8471	8635	7920	8202	7867	7675	7426	7932	7575	8001	7425	8461	1
2	7706	7952	8059	8208	7305	7571	7324	6718	6626	7179	6920	7326	6251	7779	2
3	7413	7662	7808	7947	6971	7222	7062	6247	6194	6761	6537	6931	5820	7274	3
4	7220	7469	7643	7759	6743	7000	6851	5987	5911	6477	6326	6691	5533	6998	4
5	7075	7331	7524	7637	6586	6834	6695	5832	5738	6295	6169	6528	5364	6797	5
6	6962	7221	7432	7538	6450	6709	6568	5730	5621	6176	6038	6395	5206	6676	6
7	6872	7113	7352	7458	6348	6602	6462	5658	5547	6095	5939	6299	5086	6594	7
8	6796	7055	7285	7386	6264	6517	6370	5602	5481	6026	5862	6215	4991	6536	8
9	6731	6993	7229	7326	6196	6447	6285	5555	5424	5966	5792	6147	4923	6493	9
10	6676	6940	7182	7276	6134	6393	6215	5511	5384	5916	5734	6082	4871	6460	10
11	6621	6895	7141	7230	6086	6344	6158	5469	5352	5873	5683	6018	4826	6431	11
12	6582	6857	7109	7190	6046	6297	6116	5426	5323	5838	5634	5960	4783	6400	12
13	6545	6815	7078	7153	6011	6259	6074	5383	5298	5807	5589	5908	4741	6368	13
14	6511	6787	7043	7115	5981	6223	6031	5337	5271	5771	5546	5862	4698	6335	14
15	6475	6743	7006	7075	5950	6184	5989	5298	5241	5732	5502	5796	4655	6300	15
16	6436	6700	6965	7033	5916	6143	5946	5240	5209	5689	5456	5725	4612	6261	16
17	6393	6655	6925	6988	5879	6099	5897	5189	5171	5645	5408	5668	4566	6219	17
18	6347	6611	6881	6940	5835	6053	5847	5135	5131	5600	5357	5608	4517	6176	18
19	6299	6565	6833	6889	5786	6004	5798	5079	5087	5551	5302	5546	4462	6133	19
20	6245	6518	6785	6836	5731	5955	5749	5022	5038	5500	5242	5484	4405	6090	20
21	6188	6467	6733	6782	5667	5901	5692	4963	4978	5445	5178	5421	4343	6047	21
22	6087	6409	6672	6727	5591	5849	5636	4903	4908	5387	5109	5355	4279	6005	22
23	6015	6352	6604	6671	5508	5797	5579	4840	4827	5326	5036	5289	4215	5963	23
24	5941	6293	6526	6613	5427	5746	5523	4778	4740	5264	4958	5222	4150	5921	24
25	5867	6236	6451	6559	5352	5692	5466	4714	4662	5201	4881	5135	4086	5879	25
26	5800	6179	6385	6501	5283	5639	5410	4649	4590	5138	4805	5085	4021	5836	26
27	5744	6123	6287	6444	5215	5582	5353	4583	4523	5074	4734	5016	3957	5793	27
28	5692	6068	6253	6388	5154	5526	5297	4516	4459	5010	4673	4948	3893	5748	28
29	5646	6012	6207	6333	5099	5469	5240	4449	4397	4946	4620	4880	3828	5698	29
30	5597	5956	6152	6277	5044	5413	5184	4382	4335	4881	4572	4812	3764	5642	30
31	5549	5900	6106	6220	4988	5356	5127	4314	4275	4816	4525	4744	3700	5585	31
32	5501	5839	6061	6162	4934	5281	5071	4246	4214	4751	4478	4677	3635	5528	32
33	5454	5781	6017	6105	4879	5223	5014	4177	4151	4686	4431	4609	3571	5472	33
34	5406	5722	5972	6047	4823	5166	4958	4109	4094	4622	4384	4542	3506	5417	34
35	5358	5663	5926	5989	4773	5109	4901	4040	4034	4558	4337	4474	3442	5362	35
36	5290	5603	5881	5931	4718	5050	4845	3971	3976	4490	4296	4401	3378	5307	36
37	5242	5543	5835	5873	4667	4991	4788	3902	3918	4418	4255	4329	3313	5251	37
38	5195	5482	5788	5814	4615	4931	4739	3833	3860	4347	4215	4257	3249	5194	38
39	5147	5422	5743	5756	4566	4855	4689	3764	3802	4277	4174	4185	3185	5136	39
40	5097	5360	5698	5697	4518	4791	4640	3694	3744	4208	4134	4112	3120	5075	40
41	5047	5297	5657	5638	4467	4732	4598	3624	3678	4148	4090	4041	3055	5009	41
42	4996	5234	5601	5577	4413	4673	4511	3554	3611	4088	4044	3971	2989	4940	42
43	4940	5170	5548	5515	4356	4613	4492	3483	3544	4027	3995	3901	2921	4869	43
44	4881	5104	5473	5452	4297	4553	4442	3412	3477	3967	3943	3831	2855	4798	44
45	4820	5038	5416	5387	4235	4492	4392	3341	3411	3897	3887	3761	2788	4727	45
46	4758	4971	5326	5322	4174	4430	4344	3268	3352	3846	3827	3791	2721	4657	46
47	4694	4903	5278	5257	4112	4368	4287	3195	3293	3783	3767	3640	2654	4588	47
48	4630	4833	5204	5210	4059	4305	4230	3121	3233	3720	3707	3579	2587	4521	48
49	4564	4763	5151	5140	3985	4242	4166	3047	3174	3656	3647	3519	2520	4458	49
50	4492	4691	5086	5068	3921	4178	4103	2971	3115	3592	3588	3458	2452	4397	50

Suite de la Table de Comparaison de plusieurs Tables de Mortalité.

Ages.	FRANCE. Entière. Hommes.	Femmes.	1re Classe, 1re Sect. Hommes.	Femmes.	3e Classe, 2e Sect. Hommes.	Femmes.	FRANCE. DEPARCIEUX.	DUVILLARD.	BELGIQUE. Villes. Hommes.	Femmes.	Campagnes. Hommes.	Femmes.	ANGLETERRE. Ville de Northampton.	Ville de Carlisle.	Ages.
51	4426	4618	5017	4994	3851	4111	4032	2894	3040	3520	3512	3392	2383	4338	51
52	4352	4544	4943	4912	3774	4041	3955	2815	2962	3448	3435	3323	2312	4276	52
53	4269	4460	4862	4824	3695	3965	3877	2736	2881	3375	3358	3256	2242	4211	53
54	4186	4370	4780	4731	3612	3886	3799	2654	2810	3300	3276	3187	2169	4143	54
55	4101	4276	4693	4636	3522	3800	3715	2572	2739	3225	3194	3118	2101	4073	55
56	4015	4180	4605	4536	3434	3714	3630	2488	2667	3150	3111	3049	2031	4000	56
57	3926	4085	4513	4431	3344	3627	3545	2402	2583	3080	3026	2982	1961	3924	57
58	3838	3982	4416	4322	3254	3538	3453	2315	2499	3010	2939	2912	1890	3842	58
59	3745	3879	4317	4207	3160	3450	3362	2226	2415	2939	2851	2840	1820	3749	59
60	3646	3761	4215	4086	3065	3343	3270	2136	2329	2862	2767	2762	1749	3643	60
61	3535	3643	4104	3961	2962	3246	3178	2044	2239	2779	2677	2677	1679	3521	61
62	3407	3511	3976	3832	2854	3137	3086	1951	2146	2689	2587	2586	1607	3395	62
63	3274	3373	3825	3696	2737	3013	2987	1856	2051	2595	2495	2495	1539	3268	63
64	3140	3229	3688	3566	2614	2877	2888	1760	1956	2498	2387	2405	1470	3143	64
65	3002	3083	3540	3422	2488	2744	2790	1664	1859	2397	2277	2310	1401	3018	65
66	2864	2934	3389	3283	2363	2611	2684	1567	1754	2292	2163	2200	1330	2894	66
67	2723	2784	3236	3131	2233	2474	2571	1469	1649	2187	2049	2086	1264	2771	67
68	2582	2633	3080	2976	2103	2333	2451	1371	1556	2085	1942	1983	1195	2648	68
69	2439	2481	2925	2790	1972	2194	2323	1273	1466	1983	1835	1875	1126	2525	69
70	2293	2325	2770	2653	1838	2052	2189	1177	1372	1864	1713	1758	1058	2401	70
71	2142	2169	2602	2473	1704	1906	2055	1081	1279	1741	1587	1642	989	2277	71
72	1981	2002	2423	2304	1569	1754	1914	986	1184	1627	1474	1530	920	2143	72
73	1815	1832	2224	2115	1434	1597	1765	894	1087	1514	1358	1420	852	1997	73
74	1644	1656	2017	1919	1299	1442	1631	804	989	1389	1236	1300	781	1841	74
75	1477	1482	1811	1729	1163	1298	1491	717	891	1261	1114	1182	714	1675	75
76	1304	1316	1616	1551	1028	1155	1356	634	806	1134	996	1061	646	1515	76
77	1156	1161	1434	1386	902	1017	1222	555	721	1011	882	940	579	1359	77
78	1011	1018	1275	1235	786	884	1088	481	631	900	770	832	505	1213	78
79	880	890	1125	1096	679	770	960	411	541	789	664	723	459	1081	79
80	760	772	995	962	580	654	833	347	463	682	566	619	402	953	80
81	651	660	872	837	493	554	713	289	394	585	482	535	349	837	81
82	548	552	751	716	401	460	600	237	332	495	414	460	297	725	82
83	446	451	632	603	325	377	502	191	273	411	353	390	248	623	83
84	358	364	523	499	255	303	416	152	225	346	294	323	201	529	84
85	285	273	427	413	198	237	339	119	184	289	239	262	160	445	85
86	225	231	354	334	152	199	268	92	150	239	191	211	124	367	86
87	178	182	280	272	116	150	205	72	120	192	152	168	95	296	87
88	138	142	225	219	87	113	155	57	93	150	117	132	71	232	88
89	108	109	179	175	65	84	113	47	69	116	88	97	53	181	89
90	84	84	139	138	49	62	78	38	49	86	67	71	39	142	90
91	64	64	109	108	37	44	49	31	37	65	48	54	29	105	91
92	49	49	92	92	27	32	32	25	28	47	38	40	21	75	92
93	36	36	64	64	20	23	24	19	18	33	27	32	14	54	93
94	27	27	48	48	13	13	18	15	11	24	20	24	8	40	94
95	19	19	36	36	9	9	13	11	9	18	14	18	4	30	95
96	13	13	25	25	6	6	9	8	5	12	10	12	1	23	96
97	8	8	18	18	4	4	7	6	4	8	7	7		18	97
98	4	4	12	12	2	3	4	4	2	4	4	4		14	98
99	2	2	9	9	1	2	3	3	1	2	2	2		11	99
100	1	1	5	5	1	1	2	2		1	1	1		9	100
101			3	3		1	1	1						7	101
102			2	2			1							5	102
103			1	1										3	103
104														1	104
105															105

Danger annuel dans les Tables comparées.

Ages.	FRANCE						FRANCE.		BELGIQUE.				ANGLETERRE.	
	Entière.		1re Classe. 1re Section		3e Classe 2e Section.		Deparcieux.	Duvillard.	Villes.		Campagnes.		Ville de Northampton.	Ville de Carlisle.
	Hommes.	Femmes	Hommes.	Femmes.	Hommes.	Femmes.			Hommes.	Femmes.	Hommes.	Femmes.		
2	0,0377	0,0368	0,0313	0,0317	0,0455	0,0454	......	0,0712	0,0652	0,0582	0,0554	0,0539	0,0689	0,06[illegible]
15	0,0057	0,0066	0,0056	0,0059	0,0056	0,0064	0,0072	0,0095	0,0061	0,0075	0,0083	0,0122	0,0092	0,00[illegible]
30	0,0084	0,0096	0,0073	0,0091	0,0105	0,0103	0,0110	0,0155	0,0138	0,0133	0,0103	0,0141	0,0170	0,01[illegible]
50	0,0154	0,0157	0,0138	0,0147	0,0176	0,0158	0,0170	0,0259	0,0241	0,0200	0,0212	0,0191	0,0281	0,01[illegible]
75	0,1120	0,1134	0,1074	0,1028	0,1152	0,1071	0,0900	0,1157	0,0965	0,1008	0,1059	0,1024	0,0961	0,09[illegible]

Comparaison pour 10000 survivants à 50 ans.

Ages.	DUVILLARD.	DEPARCIEUX.	FRANCE. 1re Classe, 1re Section. Hommes.	FRANCE. 3e Classe, 2e Section. Femmes.	BELGIQUE. Villes. Femmes.	BELGIQUE. Villes. Hommes.	ANGLETERRE. Northampton	ANGLETERRE. Carlisle.
0	33581	24380	19663	25506	27826	32102	40783	22743
15	17806	14596	13776	15176	15957	16825	18972	14328
30	14750	12636	12097	12864	13588	13916	15352	12831
40	12433	11303	11203	11522	11715	12019	12724	11542
42	11963	11063	11012	11254	11381	11593	12190	11934
44	11485	10826	10762	10959	11050	11162	11644	10911
46	11000	10587	10496	10646	10707	10761	11097	10592
48	10505	10310	10257	10328	10354	10379	10551	10282
50	10000	10000	10000	10000	10000	10000	10000	10000
51	9968	9827	9884	9835	9799	9759	9718	9866
52	9475	9639	9719	9626	9599	9509	9429	9725
53	9209	9449	9560	9427	9396	9249	9114	9577
54	8933	9259	9398	9212	9187	9021	8846	9425
55	8657	9054	9227	8983	8978	8793	8569	9263
56	8375	8847	9054	8759	8769	8562	8297	9097
57	8085	8640	8874	8530	8575	8292	7998	8924
58	7792	8416	8682	8300	8380	8023	7708	8738
59	7492	8194	8489	8059	8182	7753	7423	8526
60	7190	7970	8288	7817	7968	7477	7133	8285
61	6880	7746	8070	7555	7737	7188	6848	8008
62	6567	7521	7818	7280	7486	6889	6555	7721
63	6247	7280	7541	6981	7224	6584	6277	7432
64	5924	7039	7252	6667	6954	6279	5996	7148
65	5604	6801	6962	6347	6673	5968	5714	6864
66	5154	6541	6664	6027	6381	5631	5424	6582
67	4945	6264	6363	5697	6089	5294	5155	6302
68	4615	5972	6068	5365	5895	4995	4792	6022
69	4285	5665	5751	5030	5520	4706	4592	5743
70	3962	5335	5446	4688	5189	4404	4315	5461
71	3638	5009	5117	4346	4847	4106	4033	5179
72	3319	4665	4774	3993	4530	3801	3752	4874
73	3009	4302	4374	3650	4217	3489	3475	4542

Suite de la comparaison pour 10000 survivants à 30 ans.

Ages.	DUVILLARD.	DEPARCIEUX.	FRANCE. 1re Classe, 1re Section. Hommes.	FRANCE. 3e Classe, 2e Section. Hommes.	BELGIQUE. Villes. Femmes.	BELGIQUE. Villes. Hommes.	ANGLETERRE. Northampton	ANGLETERRE. Carlisle.
74	2685	3975	3876	3314	3867	3175	3185	4187
75	2413	3634	3561	2966	3510	2860	2912	3809
76	2134	3305	3179	2622	3150	2587	2635	3446
77	1868	2978	2826	2302	2814	2315	2361	3091
78	1619	2652	2507	2004	2506	2026	2059	2759
79	1383	2340	2219	1731	2196	1737	1872	2457
80	1168	2030	1957	1480	1899	1486	1640	2167
81	995	1738	1714	1258	1629	1265	1423	1904
82	798	1429	1476	1024	1378	1066	1211	1649
83	643	1224	1244	830	1144	876	1011	1417
84	512	1013	1006	652	963	722	820	1211
85	393	826	841	506	804	591	653	1012
86	304	653	683	388	666	481	506	823
87	238	499	552	306	534	385	388	673
88	188	378	442	222	417	299	290	530
89	155	263	352	167	323	222	211	412
90	126	191	274	125	239	157	159	323
91	102	120	215	93	182	118	118	239
92	83	80	166	70	132	90	87	171
93	63	59	125	51	92	59	58	123
94	50	43	94	36	67	39	34	92
95	36	31	69	24	49	24	18	68
96	27	21	47	16	34	14	12	51
97	20	13	32	10	22	8	6	37
98	14	8	21	5	13	3	2	25
99	10	5	14	3	7	1	1	17
100	6	3	8	2	3			11
101	3	2	5	1	3			6
102	1	1	2	0				2
103	0		1					1
104			0					
105								

Défauts constatés sur le document original

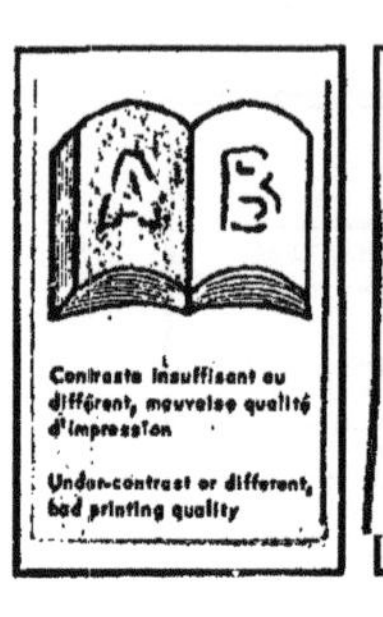

Texte manquant ou pris dans la reliure; reliure trop serrée

Missing text or text caught in the book-binding; too tight book-binding

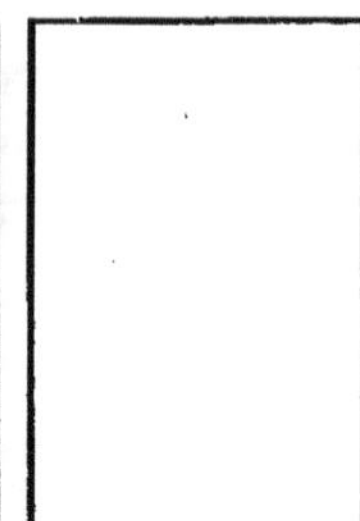

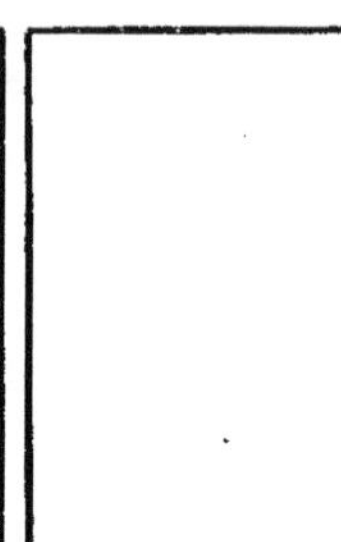

www.ingramcontent.com/pod-product-compliance
Ingram Content Group UK Ltd.
Pitfield, Milton Keynes, MK11 3LW, UK
UKHW020330220726
13923UKWH00003B/1472

9 782019 303990